Das Praxisbuch der ACHTSAMKEIT

Sarah Silverton

Das Praxisbuch der ACHTSAMKEIT

Wirksame Selbsthilfe bei Stress

Mit einem Vorwort
von Jon Kabat-Zinn

Aus dem Englischen
von Karin Petersen

Kösel

Titel der Originalausgabe:
»The Mindfulness Breakthrough: The Revolutionary Treatment for Stress,
Anxiety and Depression«, Watkins Publishing,
an imprint of Duncan Baird Publishers Ltd., London, UK

HINWEIS: Dieses Buch stellt keinen Ersatz für eventuell notwendige professionelle medizinische Beratung oder Behandlung dar. Die Anwendung der Übungen erfolgt in eigener Verantwortung. Eine Haftung irgendwelcher Art seitens des Verlags oder der Autorinnen wird ausdrücklich ausgeschlossen.

Copyright © für die deutsche Ausgabe 2012 Kösel-Verlag, München,
in der Verlagsgruppe Random House GmbH
Copyright © Duncan Baird Publishers 2012
Kapitel 1, 2, 3, 4, 9 und »Mit Schwierigkeiten arbeiten«: Text Copyright © Sarah Silverton 2012
Kapitel 6, 7: Text Copyright © Eluned Gold 2012
Kapitel 5, 8: Text Copyright © Vanessa Hope 2012
Zum Copyright der Fotos siehe Seite 184, die als Erweiterung dieses Copyrights gilt
Umschlag: Monika Neuser
Umschlagmotiv: getty images, Martin Ruegner
Manufactured in Singapore by Imago
ISBN 978-3-466-30967-2

Weitere Informationen zu diesem Buch und unserem gesamten
lieferbaren Programm finden Sie unter:
www.koesel.de

Inhalt

Vorwort von Jon Kabat-Zinn 6
Einleitung 7

TEIL I ACHTSAMKEIT VERSTEHEN

1. EINFÜHRUNG IN ACHTSAMKEIT
Die Entwicklung von Achtsamkeit 12
Achtsamkeit erleben 18
Achtsamkeit und das Gehirn 22
Achtsamkeit im Alltag 24
Positive Auswirkungen von Achtsamkeit 28

2. ACHTSAM AUFMERKSAM SEIN
Unsere Aufmerksamkeit auf unsere Erfahrung richten 32
Der Geist im Handlungs- und im Seins-Modus 36

3. ACHTSAMKEIT ÜBEN
Gewahrsein für den Alltag entwickeln 48
Der abschweifende Geist 52
Körperempfindungen erforschen 54
Achtsame Körperwahrnehmung 58
Achtsame Bewegung 66

TEIL II ACHTSAM UMGEHEN MIT HERAUSFORDERUNGEN

Mit Schwierigkeiten arbeiten 74

4. ACHTSAMKEIT UND DEPRESSIONEN
Symptome einer Depression 82
Ursachen von Depressionen 84
Unsere Sicht auf Erfahrungen 86
Der Umgang mit Depressionen 88
Der achtsame Umgang mit Erfahrungen 90

5. ACHTSAMKEIT BEI STRESS UND ANGST
Wie wir mit Stress und Angst umgehen können 100
Körperliche Reaktionen 102
Mit Stress umgehen 106

6. ACHTSAMKEIT IN BEZIEHUNGEN
Verbindung durch Achtsamkeit 116
Achtsamkeit in unsere Beziehungen einbringen 120

7. ACHTSAMKEIT MIT KINDERN
Erste Schritte 132
Etwas mitverfolgen 134
Bei Schwierigkeiten helfen 140

8. ACHTSAMKEIT FÜR PFLEGENDE ANGEHÖRIGE
Wie Achtsamkeit helfen kann 146

9. ACHTSAMKEIT UND KRANKHEIT
Wie wir Krankheit erleben 162
Mit einer Diagnose umgehen 172

Weitere Übungen 176
Weiterführende Angaben 178
Register 180
Dank 184

Vorwort

Der englische Originaltitel dieses Buches lautet »Der Achtsamkeits-Durchbruch«. Auf den ersten Blick erweckt das Wort »Durchbruch« in Verbindung mit einem Buch den Eindruck, dass es sich um einen Marketing-Hype handelt. Aber in diesem Fall ist es wirklich angemessen. Der Durchbruch besteht jedoch nicht im Buch selbst und auch nicht in dem Programm, das es vorstellt. Der Durchbruch bezieht sich auf ein Potenzial, das Ihnen und jedem Menschen in jedem Moment zugänglich ist.

Im Chinesischen ist das Schriftbild für »Durchbruch« verwandt mit dem für »sich wenden«, wie z.B. bei »sich drehen«, »sich erneuern«, »sich verschieben«. Bei der Entwicklung zu größerer Achtsamkeit verschiebt sich Ihre Sicht auf das Leben, Ihr Gefühl davon, wer Sie in Beziehung zu Ihrem Leben und zu anderen sind, und was möglich ist, wenn Sie bereit sind, im gegenwärtigen Augenblick aufmerksam zu sein und zugleich mit einem offenen Herzen und innerer Weite zu leben. Achtsamkeit bewirkt sowohl metaphorisch als auch ganz konkret eine Wende im Bewusstsein. Sie füllen Ihr Leben anders aus. Das kann tatsächlich ein folgenreicher Durchbruch sein, der sich, wie die wissenschaftliche Forschung zunehmend zeigt, auf Ihre Gesundheit und Ihr Wohlbefinden auswirkt.

Ich wünsche Ihnen das Beste bei der Entdeckung dieser verborgenen und zugleich ganz zugänglichen Dimension Ihres eigenen Seins, während Sie dieses schön aufgemachte Buch und die Achtsamkeitsübungen und -lehren erforschen, die für Sie so gekonnt gestaltet wurden, damit Sie sich darauf einlassen und sie Ihren eigenen Lebensumständen anpassen können.

Dr. Jon Kabat-Zinn
emeritierter Professor für Medizin
am medizinischen Fachbereich
der Universität von Massachusetts
und Autor von *Gesund durch Meditation*
und *Zur Besinnung kommen*

Einleitung

Die Autorinnen dieses Buches praktizieren und unterrichten seit vielen Jahren Achtsamkeit. Wir alle sind Mitglieder des Unterrichtsteams am *Centre for Mindfulness Research and Practice* an der Bangor Universität in Nord-Wales und bieten seit über 10 Jahren Achtsamkeitskurse in verschiedenen Einrichtungen in ganz Europa an. Während einige unserer Kurse speziell für Menschen mit bestimmten Problemen oder Krankheiten sind – vielleicht leiden sie schon länger an Depressionen oder sind an Krebs erkrankt –, sind viele offen für alle. Sie finden in diesem Buch immer wieder Geschichten, die uns Teilnehmer über ihre Erfahrungen erzählt haben. (Details wurden verändert, um die Privatsphäre der Betreffenden zu schützen.)

Achtsamkeit ist ein Ansatz, der – so hat die Forschung erwiesen – hilfreich ist für Menschen mit vielen verschiedenen Beschwerden wie Depression, Angst, chronischem Schmerz und chronischer Erschöpfung – um nur einige zu nennen. Doch am wichtigsten ist, dass Achtsamkeit für uns alle hilfreich ist, weil wir Menschen sind. Als solche haben wir manchmal mit dem Leben und seinen Herausforderungen zu kämpfen. Achtsamkeit kann uns helfen, unser Leben erfüllter, klüger, entspannter und flexibler zu leben. Wir hoffen, dass dieses Buch Ihnen hilft, Achtsamkeit allmählich aus theoretischer Sicht wie durch eigene Erfahrung zu verstehen. Das Praktizieren von Achtsamkeit ist ein ganz wesentlicher Aspekt, um Achtsamkeit kennenzulernen – wenn wir lediglich die Theorie verstehen, können wir Achtsamkeit nicht in ihrer ganzen Vielschichtigkeit wertschätzen.

Um Ihnen einen Geschmack von achtsamem Gewahrsein zu vermitteln, enthält dieses Buch viele Übungen, doch möchten wir Ihnen dringend empfehlen, einen Kurs bei einem erfahrenen Lehrer zu besuchen. Ergänzend zu diesem Buch können Sie auch mit CDs arbeiten, aber die Unterstützung durch einen Kurs ist wirklich der beste Weg, um herauszufinden, wie positiv sich Achtsamkeit auf Ihr Leben auswirken kann. (Auf S. 179 finden Sie Informationen zu Kursen in Ihrer Nähe.)

Achtsamkeitspraxis ist nicht für jeden Menschen geeignet, und möglicherweise stellen Sie fest, dass sie in Ihrer aktuellen Lebensphase nicht das Richtige ist. Achtsamkeit lädt uns ein, unsere Aufmerksamkeit auf unsere Erfahrung zu richten, einschließlich der Aspekte, die für uns eine wirkliche Herausforderung sind. Wenn Sie also in psychologischer oder ärztlicher Behandlung sind, ist es besonders wichtig, dass Sie fachkundigen Rat suchen, bevor Sie mit der Praxis von Achtsamkeit beginnen.

TEIL I

ACHTSAMKEIT VERSTEHEN

Achtsam sein
heißt wach werden
für das,
was unsere Sinne
uns erzählen.

01.

Einführung in Achtsamkeit

von Sarah Silverton

Wenn wir achtsam sind,
entscheiden wir uns
dafür, die Details unserer
Erfahrung genau
so wahrzunehmen,
wie sie in diesem Moment
sind, ohne zu urteilen
oder sie sofort
verändern zu wollen.

Die Entwicklung von Achtsamkeit

Achtsamkeitsmeditation hat sich im Verlauf von über 2.500 Jahren entwickelt. Ihre Wurzeln hat sie in der östlichen Philosophie, aber im Westen ist sie schnell gewachsen und entwickelt sich gerade zu einem weit verbreiteten und empfohlenen säkularen oder nicht-religiösen Ansatz im Gesundheitsbereich, in sozialen Einrichtungen, Erziehung und Wirtschaft.

Die für heutige Achtsamkeitsprogramme zentralen Gedanken finden wir in den frühen buddhistischen Lehren. Sie beruhen auf der Auffassung, dass alle menschlichen Wesen ihre Welt auf bestimmte Weise erleben.

- Wir alle machen die Erfahrung, dass wir mit bestimmten Aspekten unseres Lebens unzufrieden sind. Die Dinge sind manchmal nicht so, wie wir sie haben wollen. Das ist zu erwarten und ganz natürlich im Leben.
- Es liegt also in der menschlichen Natur, die Dinge unter solchen Umständen verändern zu wollen. Wir bringen manchmal viel Energie auf, um uns gegen unsere derzeitigen Erfahrungen aufzulehnen, Widerstand dagegen zu leisten oder davor zu fliehen. Sind unsere Erfahrungen hingegen angenehm, klammern wir uns daran und wollen den Status quo so lange wie möglich erhalten. Sind die Dinge weder unbefriedigend noch so, wie wir sie haben wollen, blenden wir diese Erfahrungen meistens aus und beachten sie nicht weiter.
- Wenn wir Achtsamkeit praktizieren, machen wir die tief gehende Erfahrung, dass diese menschlichen Neigungen Stress erzeugen können; und statt zu glauben, äußere Ereignisse wären die alleinige Ursache für unsere Probleme, sehen wir allmählich, welche Rolle wir selbst dabei durch unsere Reaktionen auf diese Ereignisse spielen.
- Dann können wir entscheiden, wie wir mit unseren Erfahrungen umgehen und in unserem Leben handeln wollen. Wenn wir beschließen, durch achtsames Gewahrsein wach zu sein für unsere Erfahrung, kann uns das dabei wirklich helfen.

Die Grundlagen der Achtsamkeit sind im Buddhismus bekannt als die Vier Edlen Wahrheiten. Von Buddha stammend, wurden sie erfolgreich eingewoben in die Programme, mit denen Menschen im Westen Achtsamkeit vermittelt wird. Wichtig ist zu betonen, dass Sie nicht Buddhistin oder Buddhist sein müssen, um Achtsamkeit zu erlernen. Diese Gedanken vermitteln einfach ein Verständnis dafür, wie wir Anstrengung und Leid selbst schaffen und damit umgehen lernen können.

Achtsamkeit lädt uns ein wahrzunehmen, dass es in uns allen eine natürliche Tendenz gibt, auf Erfahrungen automatisch zu reagieren. Sie ermutigt uns zu erforschen, wie wir anders als aus reiner Gewohnheit reagieren können. Achtsamkeitspraxis bringt uns bei, Dinge klar zu sehen und zu entscheiden, auf Situationen, in denen wir uns auflehnen, kämpfen oder festhalten, anders einzugehen.

Stressbewältigung durch Achtsamkeit (MBSR = Mindfulness-Based Stress Reduction)

In den 1970er-Jahren begann Jon Kabat-Zinn, ein Molekularbiologe mit einem Hintergrund in buddhistischer Meditation, eine nicht-religiöse Version von Meditation zu entwickeln. Seit 1979 werden seine achtwöchigen Kurse in einem Krankenhaus in Worcester, Massachusetts, USA, für Menschen mit einem großen Spektrum an chronischen Erkrankungen angeboten. Diese hatten bereits sämtliche medizinischen Behandlungsmethoden durchlaufen, galten als »austherapiert« ohne Aussicht auf weitere Behandlung und mussten mit ihren chronischen Symptomen so gut wie möglich selbst fertig werden.

Viele von uns vertrauen darauf, dass Ärzte unsere körperlichen und psychischen Probleme beheben können. Wir erwarten von einer anderen Person, dass sie imstande ist, uns gesund zu machen, ohne dabei selbst eine zentrale Rolle zu übernehmen. Kabat-Zinn jedoch vermittelte einen radikal anderen Ansatz, der keine »Behebung« oder »Heilung« der Beschwerden versprach. Stattdessen sollten sich die Patienten ihre schwierigen Lebensumstände anschauen und selbst neue Wege finden, mit ihren Beschwerden umzugehen.

Er entwickelte ein achtwöchiges Programm, für das die Teilnehmer einmal die Woche einen zweistündigen Kurs besuchen. Sie wurden gebeten, zwischen den Kursen täglich Achtsamkeit zu Hause und im Alltag zu praktizieren. Die Teilnehmenden litten an unterschiedlichen Beschwerden wie chronischen Schmerzen, Herzproblemen, Arthritis, Krebs, Angst und Schuppenflechte. Weil er sich in den Kursen nicht jeder dieser Erkrankungen einzeln zuwenden konnte, erforschte Kabat-Zinn das *gemeinsame Wesen menschlichen Leidens* statt dessen äußere Auslöser. Die Gruppe unterstützte sich gegenseitig in der aktiven Erforschung von Erfahrungen, die von Moment zu Moment auftauchten und die nicht nur mit ihren speziellen Nöten zusammenhingen, sondern auch mit anderen Aspekten ihres Lebens. Jons Botschaft lautete: »Mit Ihnen ist mehr richtig als falsch.« Er wies darauf hin, dass wir uns oft vorrangig auf das konzentrieren, was falsch läuft, verändert werden muss und anders sein soll. Dabei lassen wir die vielen angenehmen, befriedigenden und »richtigen« Aspekte unserer Erfahrung aus.

Kabat-Zinn und seine Kolleginnen und Kollegen am Zentrum für Achtsamkeit bieten seither Kurse in MBSR an und bilden andere Menschen aus, um diesen Ansatz in der ganzen Welt weiterzuvermitteln und um Achtsamkeit zu erforschen.

Auf den Grundlagen von MBSR sind weitere Ansätze entstanden. Häufig wurde der Achtsamkeitsansatz dabei mit anderen Therapieformen kombiniert oder das Programm an Menschen mit speziellen Bedürfnissen angepasst.

Achtsamkeitsbasierte kognitive Therapie (MBCT = Mindfulness-Based Cognitive Therapy)

Die achtsamkeitsbasierte kognitive Therapie wurde direkt aus MBSR abgeleitet, bezieht aber auch Gedanken und Übungen aus der kognitiven Verhaltenstherapie ein. Entwickelt in England und Kanada vor allem von den Therapeuten Mark Williams (zunächst an der Universität Bangor, dann an der Universität Oxford), John Teasdale (Universität Cambridge) und Zindel Segal (Universität Toronto), wurde sie speziell als Behandlungsprogramm für Menschen mit wiederkehrenden Depressionen entwickelt. Damals (zu Beginn der 90er-Jahre) wurden wiederkehrende Depressionen fast immer mit Antidepressiva behandelt, ein psychologischer Ansatz für die Rückfallprävention war also neu.

> Mit Ihnen ist mehr richtig als falsch.
>
> Jon Kabat-Zinn

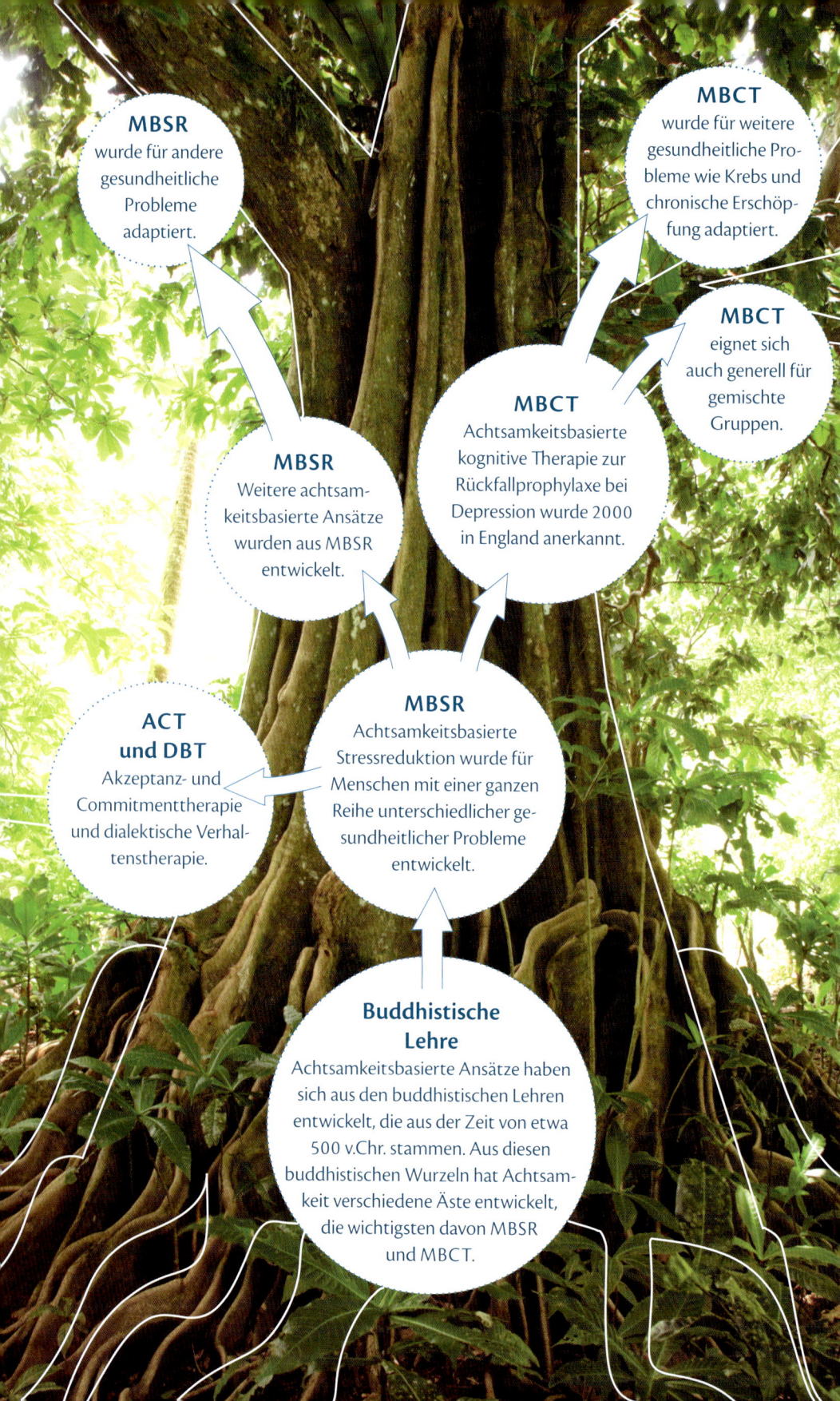

Die kognitive Verhaltenstherapie war bereits bekannt dafür, bei akuter Depression zu helfen. Vertraut mit der Arbeit von Kabat-Zinn, erforschten Segal, Teasdale und Williams, wie sie kognitive Verhaltenstherapie und Achtsamkeit in ihr neues Programm für Rückfallprävention einbeziehen konnten. Das Ergebnis war eine Kombination aus beiden Ansätzen, wobei Achtsamkeit im Vordergrund steht und viel von der Struktur und Intention von MBSR beibehalten wurde (wenn auch zugeschnitten auf diese spezielle Patientengruppe).

Segal, Teasdale und Williams forschten von 1995–1999 und kamen zu dem Schluss, dass sich durch MBCT die Wahrscheinlichkeit des Wiederauftretens von Depressionen bei den Patienten halbierte, die drei oder mehr bisherige Episoden gehabt hatten. Diese Ergebnisse bestätigten Teasdale und Helen Ma 2002 noch einmal.

Die achtsamkeitsbasierte kognitive Therapie beruht heute auf einer soliden wissenschaftlichen Basis und wurde in England 2010 vom *National Institute for Health and Clinical Excellence* bei wiederkehrenden Depressionen als Behandlung erster Wahl empfohlen. 2010 fand Willem Kuyken, Professor für klinische Psychologie und Mitbegründer des Zentrums für affektive Störungen an der Universität von Exeter, heraus, dass es für Patienten, die die MBCT-Kriterien erfüllen, eine wichtige Alternative für eine Behandlung mit Antidepressiva darstellt, wenn sie einen Kurs bei einem gut ausgebildeten MBCT-Lehrer besuchen (s. auch S. 178). Die Nationale Versorgungsleitlinie Depression (initiiert und koordiniert von der Deutschen Gesellschaft für Psychiatrie, Psychotherapie und Nervenheilkunde DGPPN) konstatiert für MBCT eine signifikante Reduktion des Rückfallrisikos für Patienten mit mindestens drei Episoden in der Vorgeschichte.

Die achtsamkeitsbasierte kognitive Therapie ist inzwischen auch von anderen wie Trish Bartley (Centre for Mindfulness Research and Practice) und Christina Surawy (Oxford Mindfulness Centre) für die Behandlung von Menschen mit Krebs und chronischer Erschöpfung übernommen worden. Achtsamkeit ist zentral für viele therapeutische Methoden, darunter die Akzeptanz- und Commitmenttherapie (ACT), dialektische Verhaltenstherapie und die achtsamkeitsbasierte Rückfallprävention. Achtsamkeitsbasierte Ansätze verbreiten und entwickeln sich ständig weiter und mehr und mehr wissenschaftliche Studien belegen die Wirksamkeit von MBSR, MBCT und anderen achtsamkeitsbasierten Verfahren.

Achtsamkeit erleben

Achtsam sein war für uns alle als Kinder etwas ganz Natürliches. Wenn wir achtsam sind, beschließen wir, die Einzelheiten unserer Erfahrung wahrzunehmen – genauso, wie sie in diesem Augenblick sind, ohne zu urteilen oder sie sofort verändern zu wollen. Manchmal wird Achtsamkeit auch als klares Sehen beschrieben.

Wenn Sie kleine Kinder oder Tiere beim Entdecken ihrer Welt beobachten, sehen Sie, dass sie neugierig und völlig im Augenblick versunken sind, sich auf das, was sie tun, voll einlassen und spielerisch forschen. Alle Erfahrungen sind neu und faszinierend. Die Dinge sind aufregend und interessant. Diese Haltung und diese Art von Aufmerksamkeit möchten wir als Erwachsene durch die Achtsamkeitspraxis neu aufleben lassen. Wir lernen, unsere Neugier zu entwickeln und die Fähigkeit, ein großes Spektrum an Erfahrungen in uns und außerhalb von uns wahrzunehmen. Wir wenden uns den vielen Erfahrungen des Seins in diesem Augenblick zu.

Als Erwachsene haben wir gelernt, unsere Erfahrungen hauptsächlich durch Nachdenken zu analysieren. Wir werden nicht ermutigt, zu spielen, zu forschen oder unsere Welt wirklich zu erleben. Wir glauben, es reiche, wenn unser Verstand eine Erfahrung benannt und gedanklich begriffen hat.

Wenn wir achtsam sind, werden wir wach für das, was unsere Sinne uns erzählen. Unser Geist und unser Körper empfangen ständig Informationen, die sie von Augenblick zu Augenblick immer wieder auffrischen. Das passiert ganz von selbst und ohne Anstrengung von unserer Seite. Achtsamkeit lädt uns ein, uns mit diesen Informationen wieder zu verbinden und dabei unsere Sinne wie Sehen, Hören, Riechen, Schmecken und Berühren zu benutzen.

Achtsam sein heißt beschließen, für jede einzelne Erfahrung aufmerksam zu sein. Wir werden wach dafür, wie wir uns selbst in unserem Leben erfahren.

Schichten der Erfahrung

Dieses Diagramm zeigt, wie wir Erfahrungen aufnehmen und gewöhnlich darauf reagieren. Wenn wir achtsam sind, erkennen wir drei Schichten von Erfahrung. Im Zentrum haben eintreffende Empfindungen direkte Auswirkungen auf unseren Körper und unsere Gefühle. Das ist der stabile Kern, zu dem wir bei der Achtsamkeitspraxis zurückkehren, wenn wir uns mit dem, was in diesem Augenblick passiert, neu verbinden und unsere Aufmerksamkeit darauf richten.

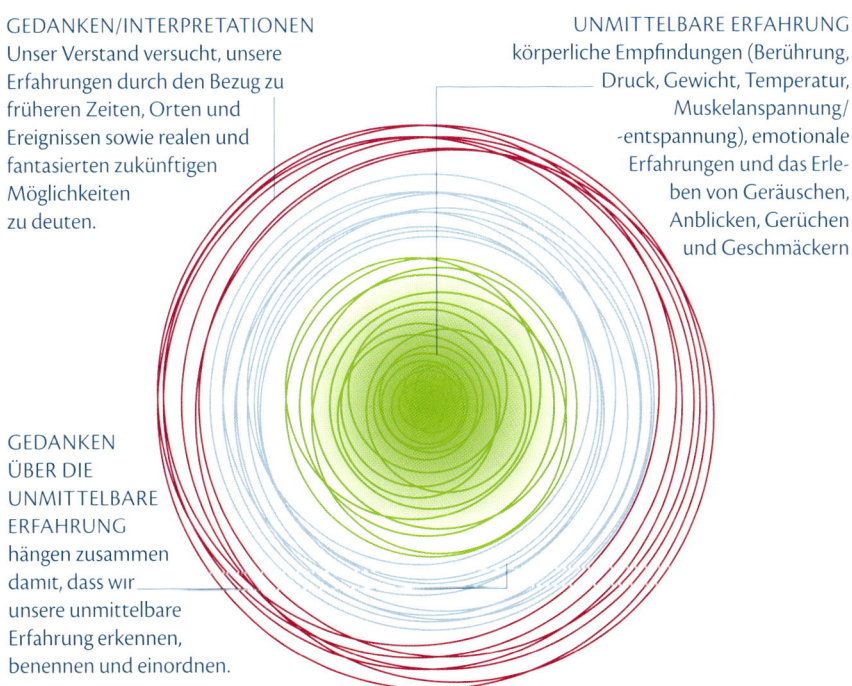

GEDANKEN/INTERPRETATIONEN
Unser Verstand versucht, unsere Erfahrungen durch den Bezug zu früheren Zeiten, Orten und Ereignissen sowie realen und fantasierten zukünftigen Möglichkeiten zu deuten.

UNMITTELBARE ERFAHRUNG
körperliche Empfindungen (Berührung, Druck, Gewicht, Temperatur, Muskelanspannung/-entspannung), emotionale Erfahrungen und das Erleben von Geräuschen, Anblicken, Gerüchen und Geschmäckern

GEDANKEN ÜBER DIE UNMITTELBARE ERFAHRUNG
hängen zusammen damit, dass wir unsere unmittelbare Erfahrung erkennen, benennen und einordnen.

Oft bringt uns unser Geist schnell zum äußeren Ring von Gedanken über Bedeutung und Assoziationen. Durch Achtsamkeit können wir sehen, wie unser Geist auf unsere unmittelbare Erfahrung aufbaut, indem er sie in eine Schublade steckt und Geschichten darüber erzählt. Das kann uns von der unmittelbaren Erfahrung weit wegführen und uns vom tatsächlichen Erleben im gegenwärtigen Augenblick abschneiden. Achtsamkeit hilft uns, beim Kern der direkten Erfahrung zu bleiben.

Übung: Erfahrungen im Sitzen

Wir laden Sie jetzt ein, Achtsamkeit zu üben, indem Sie Ihre Erfahrung so mitverfolgen, wie sie in diesem Augenblick ist. Sie werden fünf Minuten lang einfach darauf achten, was Sie bei der Erfahrung des Sitzens wahrnehmen.

1 Bemerken Sie die Empfindungen, während Sie hier sitzen: Ihre Füße im Kontakt mit dem Boden, Ihr Gesäß auf dem Sitz des Stuhles. Spüren Sie irgendwo Druck, Härte oder Weichheit?

2 Spüren Sie Temperaturunterschiede zwischen Körperteilen und den verschiedenen Oberflächen, die sie berühren?

3 Fühlt Ihr Körper sich im Vergleich zu dem Stuhl, auf dem Sie sitzen, groß oder klein an?

4 Hören Sie etwas? Welche Geräusche bemerken Sie um sich herum?

5 Was sonst fällt Ihnen auf, während Sie hier noch ein paar Augenblicke sitzen?

6 Sie müssen Ihre Erfahrung in keiner Hinsicht verändern – nehmen Sie sie einfach wahr.

Manchmal
wird Achtsamkeit
als klares Sehen
beschrieben.

Achtsamkeit und das Gehirn

Die neurowissenschaftliche Forschung der letzten Jahre zeigt, dass sich das menschliche Gehirn sowohl in Struktur wie in Aktivität verändern kann (auch Neuroplastizität genannt). Solche Veränderungen hängen direkt damit zusammen, wie wir unser Gehirn benutzen.

In manchen dieser Studien wurden Meditierende untersucht. 2003 konnten Richard Davidson, Jon Kabat-Zinn und Kollegen zeigen, dass Menschen, die Meditation in einem achtwöchigen MBSR-Kurs gelernt hatten, wichtige Veränderungen in der Gehirntätigkeit des präfrontalen Kortex zeigten.

Man entdeckte eine Verlagerung von einer rechts- zu einer stärker linksseitigen Aktivierung in wichtigen Bereichen des Gehirns, die für die Gefühlsregulation zuständig sind, was auf eine verbesserte Fähigkeit schließen lässt, mit Situationen positiver und ausgeglichener umzugehen. Diese Veränderungen waren auch noch vier Monate später nachweisbar. Diese wichtige Studie stellt auch eine Verbindung dieser Veränderungen im Gehirn mit einer stärkeren Immunabwehr der untersuchten Meditierenden her (sie hatten am Ende des MBSR-Trainings eine Grippe-Impfung erhalten).

Sara Lazars Untersuchung mit erfahrenen Meditierenden aus dem Jahr 2005 ergab Veränderungen in der Dicke der Großhirnrinde, wobei die Dicke in einigen Bereichen der entsprach, die man bei 20 Jahre jüngeren Personen erwarten würde. Dies legt nahe, dass es bei erfahrenen Meditierenden zu einer Verlangsamung der natürlichen Ausdünnung im Gehirn kommt, die auftritt, wenn wir älter werden. Britta Hölzel, Sara Lazar und KollegInnen (2009, 2010 und 2011) haben das wachsende Verständnis der Auswirkungen von Meditation auf das Gehirn noch erweitert. Andere Veränderungen betreffen Verdickungen im Hippocampus und Ausdünnungen in der Amygdala.

Diese Belege weisen auf etwas sehr Ermutigendes hin: Das Erlernen von Meditation verändert sowohl die Struktur wie die Aktivität unseres Gehirns und diese Veränderungen wirken positiv auf unser Wohlbefinden.

Auch wenn in Bezug auf diese Veränderungen und die Wechselbeziehungen zwischen den verschiedenen Gehirnarealen noch viele Detailfragen offen sind, sind diese Untersuchungen sehr ermutigend. Die Areale im Gehirn, die sich miteinander verbinden, um uns bei der Regulation unserer Emotionen zu helfen, werden von der Meditationspraxis offenbar besonders beeinflusst.

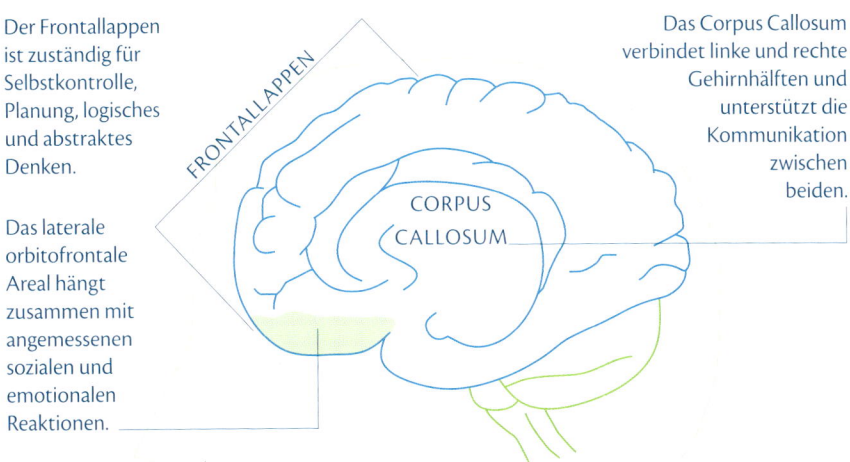

Der Frontallappen ist zuständig für Selbstkontrolle, Planung, logisches und abstraktes Denken.

Das laterale orbitofrontale Areal hängt zusammen mit angemessenen sozialen und emotionalen Reaktionen.

Das Corpus Callosum verbindet linke und rechte Gehirnhälften und unterstützt die Kommunikation zwischen beiden.

Geist-Körper-Verbindungen

Die westliche Tradition geht meistens von einer Trennung zwischen Geist und Körper aus (im Gegensatz zum eher holistischen Ansatz der östlichen Welt). Unsere medizinische Versorgung mit ihren verschiedenen Fachgebieten und Ärzten, die auf einzelne Körperorgane spezialisiert sind, spiegelt das deutlich wider. Hier konzentriert man sich wenig darauf, wie Körper und Geist miteinander in Beziehung stehen oder als Ganzheit agieren.

Einige Studien zeigen auf interessante Weise, wie Körper und Geist sich gegenseitig beeinflussen. Bei Patienten mit Schuppenflechte fand man z.B. heraus, dass ihre Haut schneller heilte, wenn sie zusätzlich zur üblichen Lichttherapie Achtsamkeit praktizierten. Eine weitere Untersuchung wies nach, dass Menschen schneller gesunden, wenn man sie über ihre Behandlung genau informiert und sie daran beteiligt. Auch unsere Empfindungen zu der physischen Umgebung, in der wir behandelt werden, haben sich als ausschlaggebend dafür erwiesen, wie schnell wir gesund werden.

Achtsamkeit im Alltag

Achtsamkeit eröffnet uns einen Weg, die Freuden, aber auch die Schwierigkeiten, die zum Menschsein dazugehören, besser zu verstehen. Bei unserem Leben in diesem Körper-Geist, den die Evolution gestaltet hat, erlaubt Achtsamkeit uns, mit unseren gewohnten Tendenzen geschickter umzugehen und unser Leben erfüllter und entspannter zu leben.

Als Menschen haben wir vieles gemeinsam und doch ist jede und jeder von uns ein Individuum mit eigenen Erfahrungen, Verhaltensweisen und Haltungen. Achtsamkeit kommt uns so entgegen, wie wir gerade sind, und hilft uns, unseren eigenen Weg zu finden.

Geschichten über Achtsamkeit

> MARTIN hatte extrem viel gearbeitet, um sich die Dinge leisten zu können, von denen er sich Glück versprach. Als er sie sich schließlich leisten konnte, verstand er nicht, warum sie ihn nicht glücklich machten, und arbeitete noch härter, um sich noch mehr kaufen zu können. Als er Achtsamkeit zu praktizieren begann, entdeckte er überrascht, dass es in seinem Leben – genauso, wie es in diesem Augenblick war – viele Dinge gab, die vollkommen waren. Achtsames Gewahrsein ermöglichte ihm schätzen zu lernen, was er bereits hatte.

> ELLEN hatte seit Jahren an chronischer Erschöpfung gelitten. Sie hatte zwei Kinder und arbeitete viel, um zu zeigen, dass sie alles im Griff hatte. Durch Achtsamkeitspraxis lernte sie auf ihren Körper zu hören. Als sie ihm lauschte, lernte sie mit ihrer Erschöpfung besser umzugehen und sich auszuruhen, sobald sie müde wurde. Sie stellte fest, dass sie sich dadurch viel besser auf ihre Kräfte verlassen konnte. Außerdem fand sie heraus, dass es ihr viel Freude machte, einfach mit ihren Kindern zusammen *zu sein*, statt Dinge für sie zu tun.

Jan litt aufgrund einer Rückenverletzung an chronischen Schmerzen. Bislang war er damit so umgegangen, dass er seine Aktivitäten drosselte, um sich nicht noch mehr Verletzungen und Schmerzen zuzuziehen. Sein Leben war eng und unbefriedigend geworden. Er entdeckte durch Achtsamkeit, dass er seinen Schmerz erforschen und sich damit vertraut machen konnte. So konnte er dem Schmerz freundlich begegnen, statt ständig gegen ihn anzukämpfen und sich zu bremsen. Indem er seinen Schmerz wirklich kennenlernte, konnte er wählen, wie er damit umgehen wollte. Überrascht stellte er fest, dass sein Schmerzerleben dadurch abnahm, obwohl er sich auf sein Leben wieder neu und aktiver einließ.

Henry pflegte seine Frau, die multiple Sklerose (MS) hatte. Sie war schon länger krank, und sein Leben bestand hauptsächlich darin, sie zu versorgen und sich um den Haushalt zu kümmern. Er entdeckte durch seine Achtsamkeitspraxis, dass er die schönen Momente ihres Zusammenlebens, die es trotz ihrer Krankheit immer noch gab, wahrnehmen und wirklich genießen konnte. Er stellte auch fest, dass er sich mit seiner Frau als Mensch statt als MS-Patientin verbinden konnte. Er nahm sich jetzt Zeit, im Garten den Sonnenuntergang und die Vögel zu betrachten und Wege für sie beide zu finden, Musik und den Sonnenschein draußen zu genießen. Er sagte, er warte nicht mehr darauf, sein Leben leben zu können, sondern habe beschlossen, es jetzt zu leben.

Fiona hatte eine schwierige Kindheit gehabt. Sie hatte im Lauf der Jahre viel Therapie gemacht, um zu verstehen, warum sie so häufig traurig war. Durch Achtsamkeitspraxis konnte sie sehen, wie viel Zeit sie damit verbracht hatte, sich an die Vergangenheit zu erinnern, die sie unglücklich gemacht hatte. Als sie lernte, sich auf die Dinge auszurichten, wie sie im gegenwärtigen Moment waren, konnte sie die Gedanken loslassen, die ihr Leben bislang beherrscht hatten. Sie begann im Hier und Jetzt zu leben. Wenn Erinnerungen auftauchten, konnte sie diese erkennen, sich dann aber wieder mit ihrer aktuellen Realität verbinden und sehen, dass ihr jetziges Leben tatsächlich gut war.

Kosten Sie
überraschende und schöne
Augenblicke im Leben
trotz bestehender Probleme
bewusst aus.

Positive Auswirkungen von Achtsamkeit

Hier sehen Sie einige Bereiche, in denen Achtsamkeit uns erwiesenermaßen unterstützen kann:

Verbundenheit
Achtsamkeit kann uns helfen, uns mit uns selbst und den Erfahrungen in unserem Körper und unserem Geist verbunden zu fühlen. Auch mit den Menschen um uns herum und mit der Welt, in der wir leben, können wir mehr Verbundenheit empfinden.

Perspektive
Wir können zurücktreten und Dinge klarer sehen. Achtsamkeit hilft uns, das »größere Ganze« zu sehen: sowohl das, was gut ist, als auch die Probleme im Leben. Wir öffnen uns für angenehme Erfahrungen und bekommen eine ausgewogenere Sicht davon, wie das Leben von Augenblick zu Augenblick ist. Vielleicht können wir auch erkennen, dass Schwierigkeiten oft auf unseren eigenen Reaktionen beruhen, statt eine Folge äußerer Kräfte zu sein (über die wir keine Kontrolle haben).

Entscheidungsspielraum
Wir haben mehr Raum zu entscheiden, worauf wir unsere Aufmerksamkeit richten, um für die damit verbundenen Informationen offen und empfänglich zu sein. Achtsamkeit erweitert unser Repertoire an Möglichkeiten, Schwierigkeiten im Leben zu bewältigen, und damit auch unseren Handlungsspielraum. Wir lernen, auf Gegebenheiten klug einzugehen, statt wie üblich zu reagieren. Dieser erweiterte Entscheidungsspielraum gibt uns auch ein größeres Gefühl von Kontrolle über unser Leben, sodass wir weniger auf andere angewiesen sind.

Selbstkenntnis
Achtsamkeit praktizieren heißt, alle unsere Erfahrungen – auch die schwierigen – wahrzunehmen und uns vertraut damit zu machen. So erkennen wir allmählich, wie die unterschiedlichen Aspekte miteinander zusammenhängen. Wir lernen viel über unsere Muster und Gewohnheiten.

Die Tiefe und die Details unseres Erlebens, die wir durch unsere Gedanken wie auch durch unsere gefühlte Erfahrung wahrnehmen, können unser Verständnis sehr bereichern. Wir können sehen, wie sich unsere Erfahrung im Lauf der Zeit ständig verändert und entfaltet.

Freundlichkeit/Selbstmitgefühl
Selbstfürsorge ist ein sehr wichtiger Aspekt von Achtsamkeit. Vielen Menschen fällt es schwer, sich selbst zu schätzen und freundlich mit sich umzugehen.

Durch Achtsamkeitspraxis lernen wir, in schwierigen Zeiten und bei Schmerzen auf uns selbst zu achten. Wir können sehen, wenn wir selbstkritisch sind, und spüren, welche Auswirkungen das hat. Schritt für Schritt lernen wir, stattdessen freundlich zu sein. Wenn wir uns auf unsere Erfahrung tiefer einlassen, entwickeln wir die Fähigkeit, uns in unserem Leben häufiger für nährende statt kraftraubende Aktivitäten zu entscheiden.

Mentaler Gangwechsel
Neurologisch betrachtet, ermöglicht Achtsamkeit uns offenbar, den »mentalen Gang« zu wechseln, um klarer zu sehen, wie die Dinge *jetzt* sind – und adäquat und kreativ darauf einzugehen, sodass unser Verhalten angemessen und hilfreich ist.

Vielleicht ist bereits klar geworden, dass Achtsamkeit keine simple Technik ist, die Menschen mit bestimmten Beschwerden hilft, mit ihren Symptomen zurechtzukommen. Achtsamkeit ist vielmehr *eine Lebensweise* – das heißt, eine Entscheidung, die uns allen offen steht.

Wir lernen diesen Ansatz mit der Zeit und durch Übung, sodass uns entsprechende Fähigkeiten nicht nur zur Verfügung stehen, wenn das Leben, aus welchen Gründen auch immer, schwierig ist (was für uns alle an irgendeinem Punkt unweigerlich der Fall sein wird), sondern auch – und das ist wichtig – wenn das Leben es gut mit uns meint und wir uns ganz darauf einlassen und es voll ausschöpfen können.

02.

Achtsam aufmerksam sein

von Sarah Silverton

Achtsamkeit heißt
entscheiden zu können,
worauf wir unsere
Aufmerksamkeit richten,
und uns für die Details
unseres reichen, sich ständig
wandelnden Erlebens
zu öffnen.

Unsere Aufmerksamkeit auf unsere Erfahrung richten

Wer mit der Achtsamkeitspraxis beginnt, stellt oft überrascht fest, dass unser Geist meist nicht im gegenwärtigen Moment, sondern irgendwo anders ist. Wir verbringen viel Zeit damit, an die Zukunft zu denken: was wir als Nächstes tun wollen, was wohl geschieht, und oft machen wir uns sogar Sorgen.

Oder wir denken über die Vergangenheit nach und gehen Erlebnisse durch, die bereits vorbei sind. Das ist für den Geist vollkommen normal, heißt aber, dass wir die Erfahrung verpassen, hier in diesem Augenblick zu sein.

Auf Autopilot schalten

Vielleicht kennen Sie das: Sie sind mit dem Auto unterwegs und können sich kaum an die Fahrt erinnern, oder haben ein Buch gelesen und stellen fest, dass Sie die Seiten umgeblättert haben, ohne zu wissen, was dort steht. Oft wissen wir noch nicht einmal, was wir in diesen Zeiten gedacht haben. Wir entscheiden nicht aktiv, worauf unser Geist sich ausrichtet, sondern funktionieren im Autopilot.

In unserer geschäftigen Zeit werden wir zum Multitasking ermutigt und wir sind geübt darin, mehrere Dinge gleichzeitig zu tun. Vielleicht packen wir beim Frühstücken unsere Tasche für die Arbeit oder die Schule, hören Radio, unterhalten uns mit dem Partner oder lesen Zeitung. Unsere Aufmerksamkeit ist so gespalten, dass wir von jeder dieser Aktivitäten, die überwiegend aus reiner *Gewohnheit* passieren, nur kleine Ausschnitte mitbekommen.

Die Fähigkeit unseres Geistes, auf Autopilot zu schalten, ist tatsächlich von wesentlicher Bedeutung, denn sie ermöglicht uns, eintreffende Informationen zu verarbeiten und komplexe ebenso wie Routineaufgaben zu bewältigen.

Wenn wir Auto fahren lernen, fühlen wir uns anfangs, als bräuchten wir zehn Arme und Beine, doch mit der Zeit eignen wir uns alle notwendigen Bewegungen an, um das Fahrzeug sicher zu steuern, ohne über jede nachdenken zu müssen. Es ist wichtig, dass der Geist sich an solche Dinge gewöhnen kann, aber oft schalten wir bei den Aktivitäten und Erfahrungen in unserem Leben auf diesen Modus, ohne uns bewusst dafür zu entscheiden.

Achtsamkeit heißt aktiv *entscheiden* können, worauf wir unsere Aufmerksamkeit richten wollen, und uns für Details unseres Erlebens öffnen, die uns vielleicht jahrelang entgangen sind. Wir können dann immer noch auf Autopilot schalten, aber wir können die mentalen Gänge auch nach Belieben wechseln. Statt dass die Pferde die Kontrolle über die Kutsche haben, lernen wir, immer wenn es nötig ist, die Zügel wieder selbst in die Hand zu nehmen.

Wenn wir auf Autopilot schalten, reagieren wir meistens aus Gewohnheit, ohne eine größere Perspektive zu haben. Nehmen wir jedoch alle Details um uns herum wahr, erweitert sich unser Entscheidungsspielraum, wie wir uns verhalten wollen.

Unsere gewohnten Verhaltensmuster können uns auch Probleme bereiten. Vielleicht sind sie der aktuellen Situation nicht mehr angemessen, was uns jedoch, da sie ja rein automatisch ablaufen, gar nicht bewusst ist. Stellen Sie sich das so vor, als würden Sie Kleidung tragen, aus der Sie längst herausgewachsen sind!

Denkgewohnheiten

Sie lernen von Geburt an, sich so zu verhalten, dass Ihre körperlichen und geistigen Bedürfnisse erfüllt werden und Sie letztendlich überleben. Sie lernen, sich auf die Welt und wichtige Menschen in Ihrem Leben zu beziehen, damit diese Sie füttern, warm halten und beschützen.

Das ist ein aktiver Prozess in uns allen, und als menschliche Wesen begreifen wir schnell, was wir tun müssen, damit andere unsere Bedürfnisse erfüllen.

Wir alle lernen bestimmte Verhaltensweisen, um die »Spielregeln« einzuhalten, beispielsweise:

- Perfekt sein bei allem, was wir tun.
- Stark sein, unsere Gefühle oder Verletzlichkeit nicht zeigen.
- Uns bei allem, was wir tun, anstrengen.
- Andere Menschen zufriedenstellen wollen und zwar mehr als uns selbst.

Kennen Sie einige dieser Züge auch von sich? Haben Sie jemals darauf geachtet, was passiert, wenn Sie sich nicht an diese Regeln halten? (Oft haben wir sie so verinnerlicht, dass es sehr schwer ist, sie zu brechen.)

Wenn uns diese Denkgewohnheiten nicht bewusst sind, können sie uns so steuern, dass wir uns in hinderlichen Verhaltensmustern und Beziehungen festgefahren fühlen. Werden wir hingegen wach für unsere geistige Aktivität, kann das sehr befreiend sein und uns endlose neue Möglichkeiten erschließen.

Körperliche Gewohnheiten

Wir haben auch viele körperliche Gewohnheiten. Vielleicht verspannen wir uns in bestimmten Bereichen wie Schultern, Stirn oder Magen. Manchmal wird uns das bewusst, doch häufig zeigt es sich erst nach langer Zeit, wenn unser Körper sich lautstark beschwert. Nacken- und Rückenbeschwerden sind weit verbreitet und gehen ebenso wie das Reizdarm-Syndrom auf langfristige Spannungen im Körper zurück.

Oft schenken wir den Botschaften unseres Körpers keine Beachtung oder ignorieren sie. Selbst grundlegende Signale wie Durst oder Stuhldrang können wir inmitten unseres hektischen Lebens wegdrängen.

Hören wir doch auf unseren Körper, verhalten wir uns vielleicht so, dass es kurzfristig hilfreich zu sein scheint. Oft jedoch gehen wir nicht so gut mit uns um, wie wir könnten. Kennen Sie das, dass Sie nach einem stressigen Arbeitstag ein paar Gläser Wein trinken oder auf dem Sofa vor dem Fernseher versacken? Das fühlt sich zunächst vielleicht gut an, ist jedoch oft keine wirkliche Antwort auf die physischen oder emotionalen Bedürfnisse, die der Körper signalisiert.

Wir sind gut darin, körperliche Botschaften auszublenden, indem wir uns ablenken und beschließen, nicht auf unseren Körper zu hören.

Unser Körper ist weise und kann uns genau darüber informieren, wie wir uns fühlen (in physischer ebenso wie in emotionaler Hinsicht) und was wir brauchen. Wenn wir uns mit diesen Informationen rückverbinden, können wir schnell und angemessen auf unsere Bedürfnisse eingehen. Achtsamkeit macht dies möglich.

Körperliche Spannungen

Meistens halten wir in Kopf, Nacken, Schultern, Unterleib und Kreuz sehr viel Anspannung fest, was zu Steifheit und Schmerz führt. Achtsamkeit kann uns helfen wahrzunehmen, wo der Körper angespannt ist, sodass wir optimal darauf eingehen können.

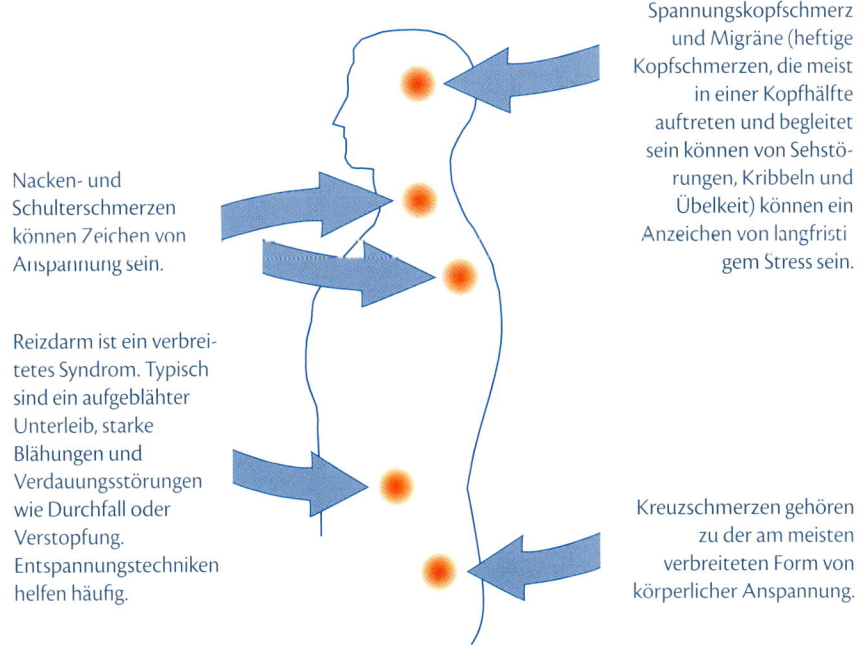

Nacken- und Schulterschmerzen können Zeichen von Anspannung sein.

Reizdarm ist ein verbreitetes Syndrom. Typisch sind ein aufgeblähter Unterleib, starke Blähungen und Verdauungsstörungen wie Durchfall oder Verstopfung. Entspannungstechniken helfen häufig.

Spannungskopfschmerz und Migräne (heftige Kopfschmerzen, die meist in einer Kopfhälfte auftreten und begleitet sein können von Sehstörungen, Kribbeln und Übelkeit) können ein Anzeichen von langfristigem Stress sein.

Kreuzschmerzen gehören zu der am meisten verbreiteten Form von körperlicher Anspannung.

Der Geist im Handlungs- und im Seins-Modus

Gehören Sie zu den Menschen, die Listen schreiben, um zu behalten, was Sie alles zu erledigen haben? Stellen Sie fest, dass Sie häufig besorgt an all die Dinge denken, die noch zu tun sind?

Viele von uns sind unglaublich beschäftigt und erfüllen vom Aufstehen bis zum Schlafengehen ständig Pflichten und Aufgaben. Wir stellen immerzu Listen auf, wie:

Die Katze füttern
Den Müll herunterbringen
Rechnungen bezahlen
Lebensmittel einkaufen
Für die Familie kochen
Hausarbeit erledigen
Zur Arbeit gehen – und all das tun, was dort ansteht!

Der *tuende* Geist erlaubt uns, uns auf die Erledigung von Aufgaben zu konzentrieren. Er lässt uns dranbleiben, sodass wir unser Endziel im Auge behalten und weitermachen, bis es erreicht ist. Wenn wir reisen, »speichert« unser Geist das gewählte Ziel so lange, bis wir dort angekommen sind. Bringen wir einen Brief zur Post, ist diese Aufgabe für den Verstand erst dann erledigt, wenn der Brief in den Kasten fällt – und an dem Punkt konzentriert sich der tuende Geist auf die nächste Aufgabe. Wäre er dazu nicht imstande, würde es uns schwerfallen, unseren komplexen Alltag zu bewältigen, und wir könnten z.B. feststellen, dass wir nur halb angezogen sind, uns auf dem Weg zur Arbeit verirrt haben oder das Mittagessen im Ofen angebrannt ist!

Der handelnde Geist ist sehr wichtig, doch achtsame Aufmerksamkeit hilft uns zu bemerken, dass wir diesen Modus manchmal ungeschickt einsetzen. Wenn wir allein auf die Zielerreichung ausgerichtet sind, verpassen wir oft viele Details unserer momentanen Erfahrung – dabei wäre es nützlich, manche davon zu bemerken.

Werden wir uns durch Achtsamkeitspraxis bewusst, in welchem Modus sich unser Geist gerade befindet, können wir selbst wählen, welcher für die vor uns liegende Aufgabe am besten geeignet ist.

Oft bringen wir unseren tuenden Geist auch dann zum Einsatz, wenn dieser Operationsmodus gar nicht am angemessensten ist. Wir sind am Machen und *Tun*, wo es gar nicht notwendig ist. Vielleicht fällt es uns schwer umzuschalten, weil unser Geist uns ständig erzählt, dass die Arbeit noch nicht erledigt ist.

Es ist unser »seiender Geist«, der uns zu forschen erlaubt, sodass wir mit den Einzelheiten unseres Erlebens präsent sein können, egal ob wir nun still sind oder etwas tun. Jemand, der z.B. schwimmt, um fit zu bleiben, wird seinen tuenden Geist vielleicht einsetzen, um die zurückgelegten Bahnen zu zählen und die Zeit im Auge zu behalten.

Dieselbe Person könnte ihren seienden Geist nutzen, um zu spüren, wie sich ihr Körper durchs Wasser bewegt, und zu sehen und zu hören, was um sie herum geschieht.

> RICHARD ging gern in dem schönen Park hinter seinem Haus spazieren, um sich von dem Stress nach einem arbeitsreichen Tag zu erholen. Überrascht und besorgt stellte er fest, dass er von diesen Spaziergängen jedoch selten entspannt oder erholt zurückkehrte. Ein paar Wochen, nachdem er mit Achtsamkeitspraxis begonnen hatte, erzählte er im Kurs aufgeregt von einer wichtigen Entdeckung. Ihm war klar geworden, dass er seinen Spaziergang machte, wie etwas, das er zu erledigen hatte: wie eine weitere Aufgabe seiner To-do-Liste. Ihm fiel auf, dass es ihn drängte, nach Hause zurückzukehren und die Dinge zu tun, die dort auf ihn warteten. Er bemerkte auch, dass er beim Gehen an die Arbeit dachte und immer wieder über die gleichen Probleme nachgrübelte. Er war von diesen Gedanken so in Anspruch genommen, dass er die Bäume und die Frühlingsblumen gar nicht sah. Die spielenden Hunde nahm er ebenso wenig wahr wie die Menschen, an denen er vorüberging.

Im Handlungs-Modus konzentrieren wir uns oft auf das, was an den Dingen, so wie sie sind, nicht richtig oder nicht genug ist. So kaufen z.B. manche von uns ständig neue Dinge, um unser Leben zu »verbessern«. Haben wir sie, geben sie uns nicht, was wir uns davon erhofft hatten, und wir wollen mehr! Wenn dieser geistige Modus mit unserem emotionalen Zustand ineinander greift, können wir ständig unglücklich, ängstlich oder ärgerlich sein. Wir sehen dann nur die Kluft zwischen unserem jetzigen Zustand und dem Glück oder dem inneren Frieden, die wir uns ersehnen.

Als RICHARD begann, achtsam spazieren zu gehen, entdeckte er viele Dinge:
- Er konnte sich aktiv für seinen Spaziergang entscheiden, statt sich von der Gewohnheit beherrschen zu lassen.
- Er sah beim Gehen viele Tiere und die Details der Umgebung.
- Er bemerkte die Farbe der Blätter und den Geruch der feuchten Erde.
- Er hörte den Vogelgesang und die Geräusche des Windes.
- Er spürte die Bewegungen seines Körpers und konnte langsamer oder schneller gehen, je nachdem, was sein Körper ihm sagte.
- Er konnte seine Füße auf dem Boden und die Luft auf seiner Haut spüren.
- Er bemerkte die anderen Spaziergänger und sah, wie ihre Hunde den Auslauf genossen.

Durch seine Ausrichtung auf diese Details neigte sein Geist weniger dazu, sich Sorgen um die Arbeit zu machen. Er war aktiv mit der Erforschung von Richards primärer Erfahrung beschäftigt und ließ der Aufmerksamkeit keinen Raum mehr für zweitrangige Gedanken. Richard berichtete, dass er sich wirklich erholte, wenn er so spazieren ging.

Achtsam und wach für unsere Erfahrung sein klingt einfach, unterscheidet sich aber tatsächlich ziemlich von unserem üblichen Umgang mit Erfahrungen. Wir sind darauf programmiert, unsere Erfahrung und uns selbst ständig verbessern zu wollen. Achtsamkeitspraxis ermutigt uns als ersten Schritt, unsere Erfahrung nicht zu verändern, sondern sie klar zu sehen, da wir sie – hier in diesem Moment – bereits erleben.

Unsere Aufmerksamkeit bewusst ausrichten
Es kann hilfreich sein, sich die Ausrichtung Ihrer Aufmerksamkeit als Lichtstrahl einer Taschenlampe vorzustellen. Wenn Sie Achtsamkeit praktizieren, lernen Sie *Richtung* und *Breite* dieses Lichtstrahls zu steuern.

- Sie entdecken, wie Sie den Lichtstrahl auf das »Objekt der Aufmerksamkeit« (das, worauf Sie Ihre Aufmerksamkeit zu richten beschließen) lenken können.
- Sie stellen fest, dass Sie den Lichtstrahl verengen können, um Einzelheiten genauer zu beleuchten, oder verbreitern, um Dinge umfassender, aber weniger detailliert zu sehen.
- Sie bewegen einfach Ihren Strahl der Aufmerksamkeit und *empfangen* das »Bild«.
- Die Fähigkeit, die Sie in der Achtsamkeitspraxis entwickeln, ist, mit dem Lichtstrahl Ihrer Aufmerksamkeit in Ihre gewählte Richtung zu leuchten und genaue Informationen über das zu empfangen, was da ist.

Entscheiden, wie wir mit Erfahrungen umgehen
Durch Achtsamkeitspraxis lernen Sie zu erkennen, wo Sie in Ihrem Leben handeln müssen und wo nicht und wie Sie auf Situationen am besten eingehen.

Vielleicht stellen wir fest, dass wir mit unserem »tuenden Geist« an die Achtsamkeitspraxis herangehen und ein Ziel im Kopf haben in Bezug auf das, was wir denken oder fühlen *sollten*. Dann strengen wir uns zu sehr an und sind unzufrieden mit dem, was wir tatsächlich erleben. Vielleicht macht uns das müde und frustriert, und wir sagen uns, das sei »reine Zeitverschwendung«, »Ich mache es nicht richtig« oder »Ich werde mich nie so fühlen, wie ich mich gern fühlen möchte«.

Wenn wir uns darin üben, von Augenblick zu Augenblick mit unserer Erfahrung *zu sein*, entwickeln wir die Fähigkeit, freundlich bei unserer Erfahrung zu bleiben und die Dinge in uns und der Welt sein zu lassen, wie sie sind. Wir können sie akzeptieren oder »sein lassen«, was nicht dasselbe ist wie Passivität oder Resignation.

Akzeptanz heißt, unsere Erfahrung freundlich in unserem Gewahrsein zu »halten« und lange genug zu warten, um sie klar zu erkennen. Die Dinge wirklich so zu sehen, wie sie sind, kann uns erstaunliche Details zu Bewusstsein bringen.

Um das besser zu verstehen, stellen Sie sich einmal vor, Sie wären mit Kleinkindern oder jungen Hunden zusammen. Was würde passieren, wenn Sie möchten, dass sie zu Ihnen kommen und ihnen entweder laut einen Befehl zuriefen oder ganz leise flüsterten? Wahrscheinlich würden die Kleinen in beiden Fällen nicht reagieren. Aber wenn Sie ihnen etwas wirklich Interessantes zeigen und sie begeistert und freundlich zu sich rufen, um sich das anzusehen, setzen sie sich wahrscheinlich viel eher in Bewegung – und würden vielleicht sogar bei Ihnen bleiben!

Genauso können Sie mit Ihrem eigenen Geist umgehen, um ihn einzuladen, mehr im gegenwärtigen Augenblick zu sein. Achtsamkeitspraxis heißt: Wir lernen auf das, was wir vorfinden, einzugehen. Wenn wir unsere Erfahrung klar sehen und auf dieser Grundlage entscheiden, wie wir am besten darauf eingehen, wächst unser Entscheidungsspielraum.

Freundliche Neugier

Unserer Erfahrung behutsam und freundlich zu begegnen, ist ein radikal anderer Weg, mit uns umzugehen. Wenn wir uns unserer Erfahrung, ob angenehm oder unangenehm, aktiv nähern, lernen wir, sie so sein zu lassen, wie sie bereits ist, statt sie verändern oder verbessern zu wollen. Wir lernen, unsere Erfahrung mit unbefangenen Augen zu betrachten und nicht sofort Schlüsse zu ziehen oder davon auszugehen, dass sie so wäre wie beim letzten Mal. Das wird manchmal »Anfängergeist« genannt.

Wenn wir innehalten und uns Zeit nehmen, die Details einer Situation zu erfassen, können wir uns ein umfassenderes Bild machen, statt vorschnell mit vielleicht unpassenden Lösungen zu kommen.

Wir lernen, geduldig mit uns, unserer Erfahrung und unserer Umgebung zu sein. Wir lernen auch, die Informationen über unsere augenblickliche Erfahrung immer wieder »aufzufrischen«, sodass wir Erfahrungen, die nicht das Jetzt betreffen, loslassen können (wie Sorgengedanken – die wiederum körperliche Anspannung bewirken – über mögliche zukünftige Ereignisse). Allmählich wird uns klar, dass sämtliche Erfahrungen sich sowieso ständig verändern und weiterentfalten, und hinterfragen die Überzeugung, dass wir uns laufend einmischen und aktiv werden müssen, damit Veränderungen passieren. Dieser Prozess der kontinuierlichen Veränderung wird manchmal »Unbeständigkeit« genannt. Unsere Erfahrung entfaltet und entwickelt sich von Augenblick zu Augenblick weiter.

> Sarah erzählte von einer »Offenbarung« bei der Achtsamkeitspraxis. Als sie bemerkte, dass ihre Nase juckte, kratzte sie sich zum ersten Mal nicht. Als sie feststellte, dass das Jucken nach wenigen Momenten von selbst verschwand, war sie wirklich überrascht! Bis dahin hatte sie fest geglaubt, dass das Jucken ohne Kratzen nie aufhören würde.

Sie lernen also jetzt, Ihre Erfahrung so zu erforschen und neugierig darauf zu sein, dass Sie einen Schritt zurücktreten, mehr Raum und eine neue Perspektive gewinnen, um die Dinge klar so zu sehen, wie sie sind.

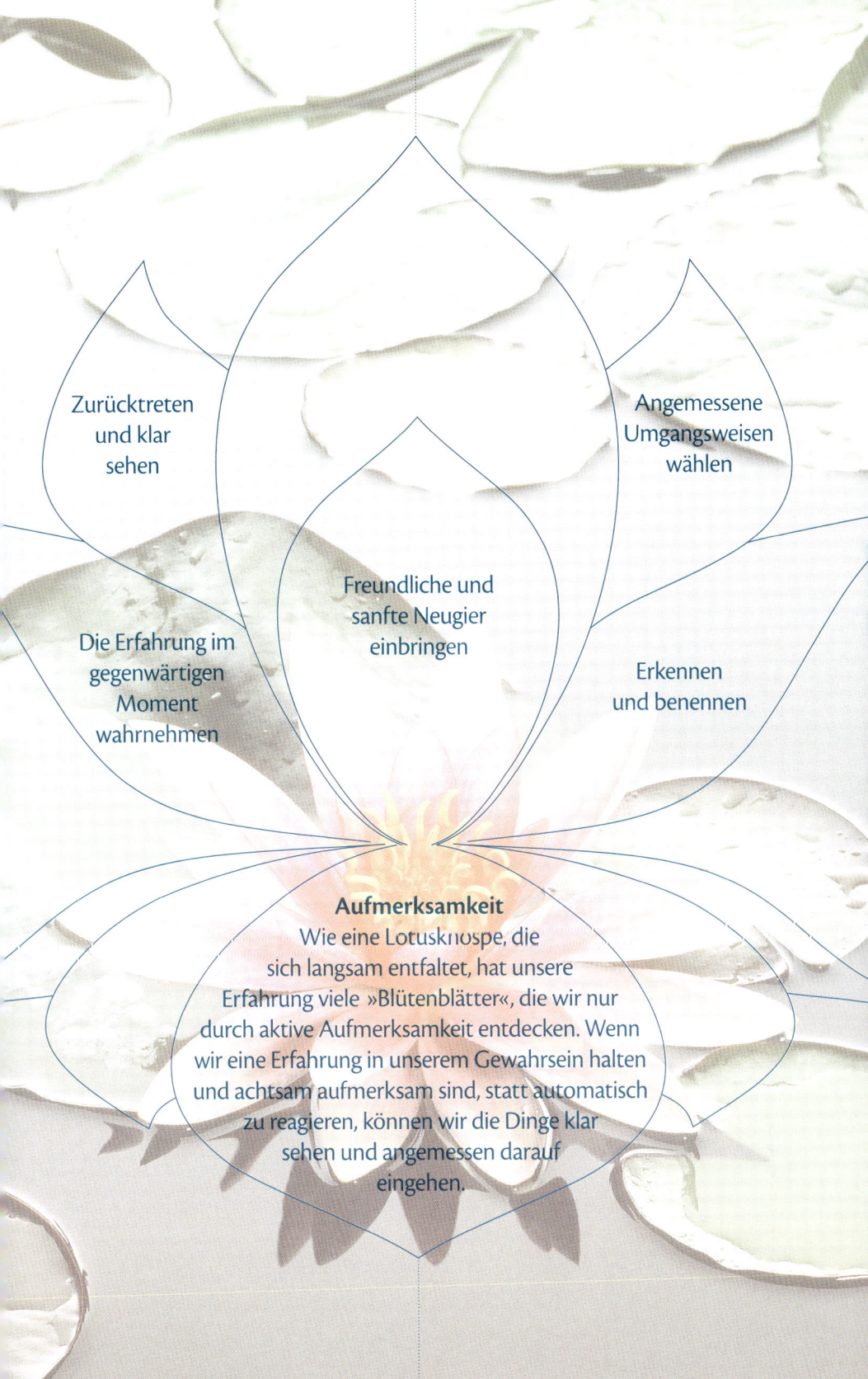

Unsere Erfahrung
entfaltet und entwickelt
sich von Augenblick
zu Augenblick weiter.

Wenn Sie Achtsamkeit praktizieren, ermutigen Sie sich selbst, Ihren Erfahrungen freundliches Interesse entgegenzubringen, achtsam mit sich umzugehen und auf sich und Ihre Lebensumstände freundlich und klug einzugehen.

Auf uns zu achten mag leicht klingen, aber tatsächlich fällt uns das oft schwer. Wir sind häufig viel geübter darin, uns um andere zu kümmern statt um uns selbst. Wenn wir uns einladen, uns und unseren Erfahrungen freundliche Aufmerksamkeit entgegenzubringen, ist das tatsächlich ein ziemlich radikaler Schritt.

Freundlichkeit in Bezug auf Achtsamkeit heißt, uns selbst einzuladen:

- Darauf zu achten, wann wir mit uns und anderen unfreundlich umgehen oder entsprechende Gedanken haben.
- Wir selbst zu sein, so wie wir sind, und anzuerkennen, dass wir »gut genug« sind.
- Uns selbst zu ermutigen.
- Unsere Leistungen und Qualitäten zu erkennen.
- Raum zu schaffen, um in unserem geschäftigen Leben auf uns selbst zu achten, indem wir Dinge tun, die uns wirklich guttun und uns das Leben genießen lassen.
- So mit den Dingen umzugehen, dass es für uns leichter und befriedigender ist.
- Gewohnheiten aufzugeben, die verhindern, dass wir angemessen reagieren, und die uns Kraft rauben.

03.
Achtsamkeit üben

von Sarah Silverton

Achtsamkeit praktizieren heißt: Wir beschließen, einen Aspekt unserer Erfahrung wahrzunehmen und ihm freundliches Interesse entgegenzubringen, was immer wir wahrnehmen mögen.

Gewahrsein für den Alltag entwickeln

Die Übungen in diesem Kapitel laden Sie ein, achtsames Gewahrsein in Ihre täglichen Aktivitäten einzubringen. Bei allen Achtsamkeitsübungen ist es wichtig, dass Sie für sich die richtigen Entscheidungen treffen – für Ihren Körper und Ihren Geist. Was an einem Tag gut für Sie ist, kann am nächsten unklug sein. Wenn wir normale Aktivitäten langsam verrichten, können sie zur größeren Herausforderung werden, wählen Sie also bitte ein angemessenes Tempo. Wenn Sie die Aufmerksamkeit auf Ihren Atem lenken, kann sich das anfangs unangenehm anfühlen, vor allem, wenn Sie schon einmal Atemprobleme hatten.

Wir bitten Sie eindringlich, auf sich zu achten und niemals über Ihre körperlichen oder geistigen Grenzen zu gehen. Mit Achtsamkeitspraxis ist immer die »Einladung« an Sie verbunden, eine Entscheidung zu treffen. Es ist besser, auf Ihren Körper und Geist als Ratgeber zu hören – wenn sie Ihnen sagen, etwas nicht zu tun –, als sich sklavisch an Anweisungen zu halten. Nehmen Sie sich Zeit, nehmen Sie wahr, was immer Sie wahrnehmen, und erfahren Sie, was immer Sie erfahren – Sie können nichts falsch machen! Beginnen Sie also jetzt mit der Achtsamkeitspraxis, indem Sie die Übung »Achtsam essen« auf der nächsten Seite ausprobieren und schauen, was Sie dabei wahrnehmen!

Wir sagen, Achtsamkeit *üben*, weil sich unsere Fähigkeit, achtsam zu sein, ständig weiterentwickelt. Wie bereits auf S. 40 erläutert, ist es wirklich wichtig, die Details dessen, was beleuchtet wird, wenn wir die Taschenlampe unseres Gewahrseins auf bestimmte Dinge richten, nicht verändern zu wollen; wir geben lediglich Richtung und Breite des Lichtstrahls vor. Wir beschließen, auf was wir unsere Aufmerksamkeit richten und für welche Details unserer Erfahrung wir unser Gewahrsein öffnen wollen.

Übung: Achtsam essen

Wie bei allen Achtsamkeitsübungen, die wir in diesem Buch erforschen, ist es wirklich wichtig, dass Sie *entscheiden*, ob Sie den Anweisungen folgen wollen, zu denen wir Sie einladen, oder nicht. Sie können diese Übung mit jeder Frucht machen, die Sie gerade zur Hand haben – frisch oder getrocknet.

1 Stellen Sie sich vor, dass Sie dieses Ding zum ersten Mal sehen. Sie können so tun, als kämen Sie von einem anderen Planeten oder wären ein kleines Kind. Können Sie sich tatsächlich vorstellen, dass Sie dieses Objekt nie zuvor gesehen haben und nicht wissen, was es ist?

2 Beginnen Sie es mit den Augen wirklich gründlich zu erforschen. Welche Farben sehen Sie? Wie ist die Form? Wie die Struktur? Sehen Sie Muster? Sieht es aus jedem Blickwinkel gleich aus? Spiegelt sich das Licht auf der Oberfläche? Sieht es anders aus, wenn Sie es ans Licht halten? Fallen Ihnen bestimmte Einzelheiten auf, die Sie noch genauer erforschen können? Hat Ihr Geist sich in diesen Prozess eingeschaltet, indem er die Frucht benennt (trotz Ihrer besten Absichten, so zu tun, als sei dies hier etwas völlig Neues), sich erinnert, Assoziationen herstellt oder vergleicht?

3 Erforschen Sie jetzt, wie es sich anfasst. Ist es schwer oder leicht? Weich oder hart? Fühlen einige Teile sich anders an als andere? Ist es glatt oder rau, klebrig oder feucht? Welche Empfindungen haben Sie, wenn Sie es in den Händen halten? Mit welchen Fingern berühren Sie es? Können Ihre Finger es leicht halten, ohne es fallen zu lassen oder zu quetschen? Müssen Sie beschließen, dies zu tun, oder erledigen Körper und Gehirn das ganz von selbst?

4 Wenn Sie bereit sind (und es beschließen), bringen Sie das Objekt vor Ihr Gesicht. Vielleicht spüren Sie, wie sich Hand und Arm bewegen? Wenn Sie möchten, können Sie an der Frucht riechen. Passiert in Ihrem Körper etwas, wenn Sie den Duft einatmen?

5 Berühren Sie das Objekt jetzt mit Ihren Lippen, um zu schauen, wie sich das anfühlt. Fühlen sich die Empfindungen in Ober- und Unterlippe gleich an?

6 Wenn Sie es jetzt wieder beschließen und es sich richtig anfühlt, nehmen Sie das Objekt (oder einen Bissen davon) in Ihren Mund. Lassen Sie es eine Weile auf der Zunge, wenn Sie möchten, um Gewicht, Struktur und Geschmack zu spüren. Wie fühlt es sich an, wenn die Zunge es jetzt in Ihrem Mund bewegt?

7 Wenn Sie möchten, nehmen Sie jetzt ganz langsam einen Bissen und halten inne, um wahrzunehmen, was Sie wahrnehmen … Geruch, Struktur, Saftigkeit? Verändern diese sich von Moment zu Moment? Nehmen Sie weitere Bissen, wenn sich das richtig anfühlt, bis Sie bereit sind zu schlucken.

8 Und was spüren Sie jetzt? Haben Sie noch immer einen Geschmack oder mehrere Geschmäcker im Mund? Und Saftigkeit? Kleben Reste der Bissen an Ihren Zähnen?

9 Halten Sie inne, um sich zu vergegenwärtigen, was Sie wahrgenommen haben, z.B.:

- Welche Botschaften hat Ihr Körper/Geist über die Frucht empfangen? Was war am lebhaftesten: Geschmack, Aussehen, wie sie sich anfühlte oder roch?
- Gab es etwas, das Sie an der Frucht nie zuvor wahrgenommen haben?
- Wie aktiv war Ihr Geist, während Sie die Frucht erforschten? Wie leicht fiel es Ihnen zu tun, als ob Sie dieses Ding bislang nicht kannten? War es überraschend zu bemerken, wie stark sich der Geist einschalten kann?
- War die Intensität Ihrer Sinnesempfindungen anders als beim üblichen Essen einer Frucht? Hatte der Geschmack oder der Geruch etwas Überraschendes?
- Wie unterschied sich dies von Ihren üblichen Erfahrungen mit Essen? Inwiefern?

Im Folgenden einige Beobachtungen, welche die Teilnehmenden an unseren Achtsamkeitskursen bei dieser Übung regelmäßig machen:

- Ich habe an der Frucht Dinge bemerkt, die mir vorher nie aufgefallen sind, und das hat mich wirklich überrascht.
- Meine Sinne waren irgendwie »schärfer«, sodass mir Farben, Geruch und Geschmack intensiver vorkamen.
- Mir wurde klar, dass ich im Alltag oft wenig darauf achte, was ich gerade esse.
- Ich esse selten, ohne gleichzeitig andere Dinge zu tun, wie mit meiner Familie reden, Fernsehen schauen, Radio hören, Mails checken, Zeitung lesen etc.
- Wie aktiv der Verstand ist! Er plappert ständig vor sich hin: urteilt, kommentiert, erinnert, stellt Vergleiche an und versucht, aus unseren Erfahrungen einen Sinn zu ziehen (indem er sie z.B. ablehnt oder mag).
- Mir fiel auf, dass ich innerlich meistens irgendwo anders bin als im gegenwärtigen Moment.
- Als ich wirklich versunken war in das, was ich wahrgenommen habe, war mein Geist weniger aktiv.

Erkennen Sie hier eigene Erfahrungen wieder?

Dies ist praktizierte Achtsamkeit: Wir entscheiden, einen Aspekt unserer Erfahrung wahrzunehmen, und bringen dem, was wir wahrnehmen, freundliches Interesse entgegen, ganz gleich, was es sein mag. Wenn wir dabei langsamer machen, können wir die verfügbaren Informationen besser verarbeiten, auch wenn Langsamkeit dafür nicht wesentlich ist. Wir können ebenso aufmerksam für unsere Erfahrung sein, wenn wir rennen, um einen Bus oder Zug zu erwischen.

Der abschweifende Geist

Wenn wir mit der Achtsamkeitspraxis beginnen, glauben wir oft, etwas falsch zu machen, sobald der Geist der Ausrichtung unserer Aufmerksamkeit nicht folgt. Wie erwähnt, kommt uns unser tuender Geist oft mit Erwartungen, wie Achtsamkeit auszusehen hat. Vielleicht erwarten wir einen ruhigen, stillen Geist, der nicht darauf drängt, dass wir über die Arbeit oder das Abendessen nachdenken, oder uns erzählt, wir hätten viel Wichtigeres – oder gar Dringenderes – zu tun, das sofort erledigt werden muss! Dieser »Affen-Geist«, der wie wild in der Gegend herumspringt, ist jedoch völlig normal.

Wenn Sie Achtsamkeit praktizieren, lernen Sie die Aktivität des Geistes wahrzunehmen, um dann Ihre Aufmerksamkeit wieder freundlich, aber entschieden auf Ihr gewähltes Objekt zu richten. Sie binden den Geist nicht an einem Ort fest oder versuchen ihn ganz leer zu machen.

Achtsam aufmerksam sein ist ähnlich wie auf einem Bein stehen. Wenn Sie das Gleichgewicht halten wollen, müssen Sie tatsächlich ein wenig kippeln! Das ist ein dynamischer Prozess der Ausrichtung und Neuausrichtung, während Sie innerlich an dem Entschluss festhalten, auf einem Bein zu stehen. Wenn Sie sich dabei steif machen, werden Sie schnell umkippen wie ein gefällter Baum! Sind Ihre Muskeln zu entspannt, sacken Sie eher zu Boden. Ähnliches gilt für die Achtsamkeitspraxis: Werden Sie zu nachsichtig mit sich, verlieren Sie schnell die Entscheidung aus den Augen, den Moment wahrzunehmen.

Es wäre sehr harte Arbeit (und würde uns wahrscheinlich nicht gelingen), wenn wir bei der Achtsamkeitspraxis versuchen würden, unsere Aufmerksamkeit festzubinden und überhaupt nicht abschweifen zu lassen – für unseren Geist ist Denken ebenso natürlich wie für unser Herz das Schlagen. Deshalb *wird* er abschweifen!

Wenn wir jedoch keinerlei Anstrengung unternehmen, um unsere Aufmerksamkeit willentlich auszurichten, und aufgeben, sobald sie abschweift, würde der Geist wahrscheinlich nie lernen, zur Ruhe zu kommen und unsere Erfahrung zu erforschen.

Achtsam aufmerksam sein
ist ähnlich wie
auf einem Bein stehen.
Wenn Sie das Gleichgewicht
halten wollen, müssen Sie
sich erlauben,
ein wenig zu kippeln.

Körperempfindungen erforschen

Die Empfindungen in unserem Körper beim Stehen, Sitzen, Bewegen, Verdauen und Atmen sind uns immer zugänglich. Sie können uns helfen, ins Hier und Jetzt zurückzukehren, wenn unsere Aufmerksamkeit von Gedanken an Vergangenheit oder Zukunft absorbiert wird oder wir im geistigen Modus des Tuns festgefahren sind – geschäftig und darauf aus, Dinge zu erledigen. Wenn wir uns darin üben, bei unseren Körperempfindungen zu verweilen – die unzähligen Nuancen, Strukturen und Farben unserer Erfahrung mitverfolgen –, können wir die kontinuierliche Einladung unseres Körpers, *hier* zu sein, stärken.

Ihr Körper kann Ihnen sehr viel darüber erzählen, was es heißt, im gegenwärtigen Moment zu sein. Außerdem verrät er Ihnen vieles über sich und Ihren Geist in diesem Moment:

- Ihre körperlichen Bedürfnisse, wie Durst, Hunger oder Müdigkeit.
- Ihre Emotionen, Interessen, Vorlieben und Abneigungen können sich in körperlichen Empfindungen widerspiegeln.
- An der Verfassung und Haltung Ihres Körpers können Sie Ihre Stimmung ablesen.

Wenn Sie sich darin üben, die Botschaften wahrzunehmen, zu erforschen und kennenzulernen, die Ihnen Ihr Körper ständig sendet, erwerben Sie wertvolles Wissen. Sie bekommen Zugang zu wichtigen Ressourcen, die Ihnen helfen, auf sich zu achten und Ihre Bedürfnisse zu erfüllen. Schauen wir also, was Sie wahrnehmen, wenn Sie den Erfahrungen Ihres Körpers – wie bei der Übung »Achtsam essen« – mit Neugier und »frischem Anfängergeist« begegnen.

Denken Sie daran, es gibt *keinen richtigen Weg zu fühlen* – Sie nehmen einfach wahr, was immer Sie erfahren.

Übung: Achtsam sitzen

Die Sitzhaltung, die Sie wählen, sollte Ihrem Körper in dem Augenblick entsprechen – sie sollte bequem und stützend sein, wobei die Muskeln so weit wie möglich ruhen. Welche Haltung Sie auch wählen, Folgendes sollten Sie dabei berücksichtigen:

- Ihr Körper ist stabil und ausbalanciert – er bildet eine feste und bequeme Grundlage, auf der sich die Wirbelsäule mit ihrem natürlichen Verlauf entspannt aufrichten kann.
- Wenn Sie auf einem Bänkchen oder Kissen sitzen, sollten Ihre Knie niedriger sein als Ihre Hüften und in Kontakt mit dem Boden.
- Sie sind fest verbunden mit dem Platz, wo Sie sitzen.
- Bei dieser Haltung machen Sie sich die Fähigkeit des Körpers, sich selbst zu stützen, voll zunutze, sodass er Ihre Einladung an sich selbst widerspiegelt, sich zu entspannen, aber auch wach und beständig die Erfahrungen zu erforschen, die von Moment zu Moment kommen und gehen. Indem Sie aufmerksam für die Botschaften Ihres Körpers sind, wählen Sie eine Haltung, die Ihrem Körper in diesem Augenblick angemessen ist.

Ihr Nacken ist lang und Ihr Kinn leicht eingezogen, sodass die Mitte des Oberkopfes den höchsten Punkt bildet.

Schultern und Arme sind locker. Hände und das Gewicht Ihrer Arme werden vom Schoß gestützt.

Ihr Brustkorb ist offen, Ihre Schulterblätter lassen im Rücken sanft nach unten los.

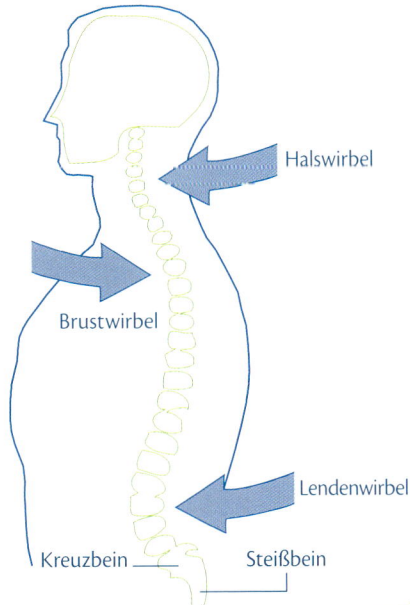

Halswirbel

Brustwirbel

Lendenwirbel

Kreuzbein   Steißbein

Achtsam atmen

Wir atmen immer in diesem Moment; wenn wir den Atem wahrnehmen, sind wir also hier in diesem Augenblick. Der Atem kann wie ein *Anker* sein, der uns stetig mit dem gegenwärtigen Augenblick verbindet, wenn unser Geist und unser Körper automatisch reagieren, unruhig oder aus dem Gleichgewicht sind. Der Atem ist uns immer zugänglich als Ort, an den wir zurückkehren können, wenn wir nur noch reagieren oder nur noch am Tun und Machen sind.

Wählen Sie, wenn Sie achtsames Atmen praktizieren, immer die für Ihren Körper in diesem Augenblick angenehmste Haltung. Beginnen Sie, indem Sie sich auf all die Empfindungen einstellen, die Ihnen sagen, dass Ihr Körper an diesem Platz sitzt – etwa Druck, Kontakt, Gewicht, Temperatur, ein Kribbeln oder Pulsieren. Was auch immer Sie vorfinden, Sie begegnen dem mit freundlicher Neugier, ohne dass die Dinge unbedingt so oder so sein müssen, z.B.:

- Können Sie Ihre Füße am Boden und Ihr Gesäß auf dem Stuhl spüren? Können Sie Gestalt und Größe Ihres Körpers spüren?
- Sind Sie sich des Raumes bewusst, der Ihren Körper umgibt?
- Verändern sich Ihre Empfindungen, wenn Sie sie eine Weile erforschen?
- Äußern sich einige Empfindungen lauter als andere und ziehen Ihre Aufmerksamkeit auf sich?

Bei den Empfindungen des Atems bleiben

Vielleicht stellen Sie fest, dass Ihr Geist sich einschalten will, um den Atem in irgendeiner Weise zu verändern oder zu verbessern. Vielleicht machen Sie sich Gedanken über Ihr Atmen oder denken an etwas ganz anderes? Wie wäre es, einfach da zu sitzen und Ihren Körper atmen zu lassen (das tut er sowieso Tag und Nacht ohne Ihre Hilfe)? Erlauben Sie Ihrer Aufmerksamkeit, entspannt auf dem Atem zu ruhen, und spüren Sie ihn.

Sollte Ihr Geist versuchen, Ihren Atem zu steuern, nehmen Sie das einfach wahr und richten Ihre Aufmerksamkeit – was viele Male notwendig sein wird – wieder auf die Empfindungen Ihres Atems.

Übung: Achtsames Atmen

1 Wählen Sie die für Ihren Körper in diesem Moment angenehmste Haltung.

2 Stellen Sie sich auf die Empfindungen ein, die Ihnen sagen, dass Ihr Körper an diesem Platz sitzt (s. vorige Seite).

3 Jetzt erforschen Sie die Erfahrung des Atmens in Ihrem Körper. Nehmen Sie die Bewegungen beim Ein- und Ausatmen wahr. Wo spüren Sie den Atem am deutlichsten – an der Nasenspitze, im Brustkorb, an den Rippen oder in Unterleib oder Bauch?

4 Ohne den Fluss Ihres Atems irgendwie zu verändern, erforschen Sie einfach das Gefühl des Atmens und Struktur, Gestalt, Muster und Rhythmus Ihrer Atemzüge. Sind sie: Langsam? Schnell? Fließend? Flach? Tief?

5 Folgen Sie dem Atem bei jedem Atemzug, wie er in den Körper strömt, innehält und dann wieder nach außen strömt, um vor der nächsten Einatmung kurz innezuhalten. (Sie können sich einen Strand vorstellen – der Atem ist wie die Wellen des Meeres, die auf den Sand rollen, um sich dann zurückzuziehen und auf die nächste heranrollende Welle vorzubereiten.)

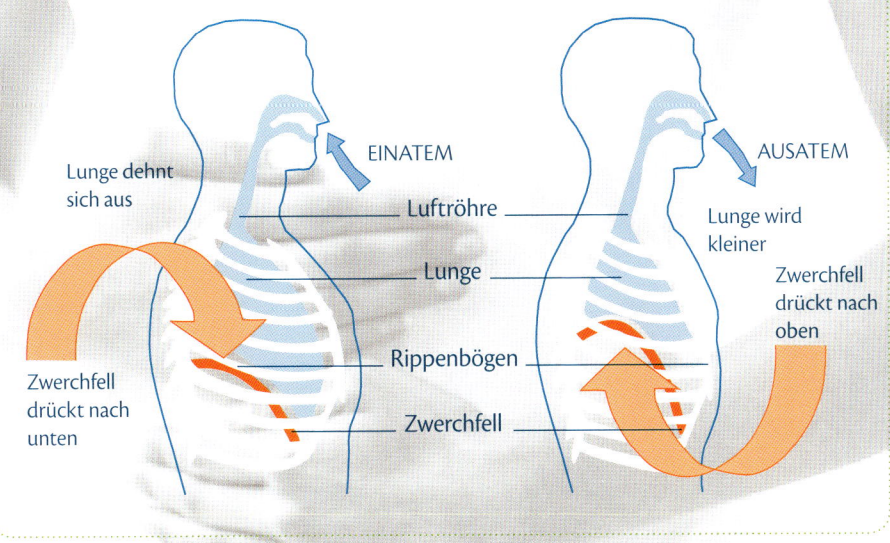

Achtsame Körperwahrnehmung

Es gibt viele verschiedene Wege, Achtsamkeit zu üben. Manchmal machen wir eine angeleitete Meditation, lauschen einer Achtsamkeitslehrerin im Kurs oder arbeiten mit einer CD. Durch die Anleitung bekommt unsere Praxis eine Struktur; sie gibt uns eine innere Ausrichtung und hilft uns wahrzunehmen, wenn der Geist abschweift. Manchmal erfolgt die Praxis nach einem gewählten Format in Stille ohne Anleitung. Diese Übungen sind ein Innehalten im Alltag und eine Entscheidung, eine gewisse Zeitspanne Achtsamkeitsmeditation zu üben. Oft liegt unser Fokus dabei auf der inneren Erfahrung, obwohl er manchmal auch auf Dingen liegen kann, die wir sehen oder hören. Diese Art Meditation wird auch als »formale Praxis« bezeichnet.

Eine weitere Art von Praxis, die wir im letzten Kapitel erforscht haben, besteht darin, achtsames Gewahrsein in unsere alltäglichen Aktivitäten zu bringen. Das wird oft als »informelle Praxis« bezeichnet. Bei der informellen Praxis kann sich unser Fokus ebenfalls auf das innere Erleben ausrichten, liegt aber meistens auf einer Mischung von Gedanken, Emotionen, Körper und dem Erleben der äußeren Umgebung.

Beide Arten von Meditationspraxis helfen uns, Sensibilität für die Wahrnehmung unseres Erlebens zu entwickeln, und stärken die Fähigkeit zu entscheiden, worauf wir unsere Aufmerksamkeit richten. Mit der formalen wie der informellen Praxis erforschen wir die Gesamtheit unserer Erfahrungen, Empfindungen, Emotionen und Gedanken und wie wir uns dazu verhalten. Wir fangen an zu sehen, wie das alles miteinander zusammenhängt. Wir beginnen die reiche, komplexe Struktur unserer Erfahrung und unseres Lebens zu sehen, wie wir es von Moment zu Moment leben.

Durch das Praktizieren von Achtsamkeit lernen wir uns selbst kennen, sehen unsere Erfahrung klarer und beobachten unsere Gewohnheiten und die Verhaltensmuster, mit denen wir auf uns und die Situationen in unserem Leben reagieren.

Übung: Körpergewahrsein

Bei dieser Übung richten wir unseren Fokus wie einen breiten Lichtstrahl auf den gesamten Körper, die Oberfläche, auf der er liegt oder sitzt, und den Raum, der ihn umgibt. Sie öffnen Ihr Gewahrsein für ein ganzes Spektrum an Empfindungen. Sie können diese Praxis im Sitzen oder im Liegen machen – was immer für Sie *jetzt* am besten ist.

1 Finden Sie eine bequeme Position, in welcher der Körper von Boden/Matte so gut wie möglich gestützt wird, wenn Sie beschließen, sich hinzulegen. Sie können diese Praxis aber auch im Sitzen machen (s.u.). Auch wenn Sie nicht *versuchen*, sich zu entspannen, ist es für die Erforschung der verschiedenen Empfindungen hilfreich, wenn der Körper bequem ruht.

2 Liegen Sie mit den Beinen parallel zueinander, wenn es Ihnen körperlich angenehm ist, und erlauben Sie den Füßen auseinanderzufallen. In dieser Position können Ihre Muskeln ruhen – sie müssen nicht aktiv werden, um diese Position zu halten. Wenn Sie Probleme mit dem unteren Rücken haben, ist es wahrscheinlich bequemer, die Knie leicht anzuwinkeln (am besten ein Kissen darunter legen) und die Füße aufzustellen.

3 Lassen Sie die Arme neben sich ruhen, die Handflächen nach oben (wenn das bequem ist).

4 Richten Sie Ihre Aufmerksamkeit jetzt auf den ganzen Körper, wie er dort liegt. Welche Empfindungen nehmen Sie wahr?

Version im Sitzen

Wenn Sie Ihre Körperempfindungen im Sitzen erforschen, ist es wichtig, einen Stuhl mit gerader Rückenlehne zu wählen und die Füße ganz in Kontakt mit dem Boden zu bringen. Sie können auch mit etwas Abstand zur Rückenlehne sitzen, sodass Ihr Rücken sich selbst aufrecht hält. Das unterstützt die natürlichen Kurven der Wirbelsäule, was wiederum Rücken, Nacken und Kopf ausbalanciert. Die Einladungen zur Wahrnehmung von Empfindungen sind dieselben wie für die liegende Haltung.

Übung: Bodyscan

Sie können die Empfindungen in Ihrem Körper auch erforschen, indem Sie den Fokus Ihrer Aufmerksamkeit langsam nacheinander auf bestimmte Körperbereiche richten. Sie laden den Geist ein, in dem Körperbereich, den Sie zu erforschen beschließen, sanft zur Ruhe zu kommen – soweit er will –, und die Empfindungen dort einfach wahrzunehmen.

1 Lassen Sie Ihre Aufmerksamkeit einen Bereich Ihres Körpers »beleuchten«, um sich dann wieder davon zu lösen.

2 Jetzt richten Sie die Aufmerksamkeit ein paar Momente auf den nächsten Körperteil, um die Erfahrungen dort zu erforschen.

3 Entlassen Sie diesen Bereich aus dem Fokus Ihrer Aufmerksamkeit und fahren Sie fort, ihn auf den nächsten Körperteil zu richten, den Sie erforschen möchten.

- Bleiben die Empfindungen die gleichen? Verändern sie sich?
- Wo spüren Sie das Gewicht Ihres Körpers auf dem Boden?
- Empfinden Sie Leichtigkeit oder Schwere?
- Können Sie den Kontakt Ihrer Haut mit der Luft oder Ihrer Kleidung spüren?
- Kribbelt oder pulsiert es irgendwo?
- Nehmen Sie wahr, wo Muskeln angespannt oder entspannt sind?
- Spüren Sie irgendwo Taubheit oder Intensität?
- Welche Gedanken tauchen auf?

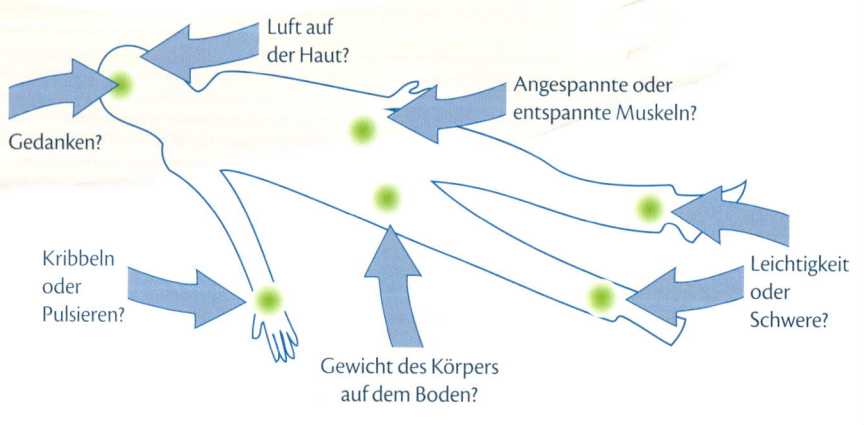

Wenn der Geist beim Bodyscan abschweift
Der Körper kann uns wunderbar zeigen, wie oft und weit der Geist abschweift! Wenn wir unseren Körper mithilfe einer Achtsamkeitslehrerin erforschen, leitet uns deren Stimme an. Sie erinnert uns daran, mit der Aufmerksamkeit wieder zurückzukommen, wenn sie abschweift, und sagt uns, worauf wir bei unserer Erforschung achten können.

Selbst bei besten Absichten, für den ganzen Körper aufmerksam zu sein, stellen wir oft fest, dass bestimmte Körperteile uns »entschwinden«. Manchmal nehmen wir wahr, dass unser Geist abschweift, doch der Bodyscan kann uns ein klares Gefühl dafür geben, *wie lange* das der Fall war. Manchmal wissen wir genau, worüber wir nachgedacht haben, manchmal überhaupt nicht.

Die Erforschung des abschweifenden Geistes gehört ebenso zu dieser Praxis wie Neugier auf die Körperempfindungen. Können Sie den Abschweifungen Ihres Geistes echtes und freundliches Interesse entgegenbringen? Achten Sie beim Üben darauf, wie oft Sie Ihre Aufmerksamkeit neu auf den Körper ausrichten müssen. Ist Ihnen bewusst, welchen Körperbereich Sie erforscht haben, bevor der Geist durch Gedanken oder Empfindungen in anderen Körperteilen abgelenkt wurde? Haben Sie ein Gefühl dafür, wie lange der Geist weggewandert ist?

Bodyscan und Müdigkeit
Unser Körper ist oft chronisch übermüdet und ergreift jede Gelegenheit, Schlaf nachzuholen, vor allem, wenn wir uns hinlegen. Es kann sehr interessant sein, uns bei der Achtsamkeitspraxis unserer Müdigkeit zuzuwenden. Dabei können wir vieles entdecken:

- Manchmal schlafen wir auf der Stelle ein. Dann wieder bewegen wir uns zwischen Schlaf und Wachen hin und her.
- Zu bestimmten Tageszeiten schlafen wir leichter ein als zu anderen.
- Akzeptieren wir unsere Müdigkeit oder betrachten wir sie sehr selbstkritisch?
- Möglicherweise werden wir bei der Erforschung bestimmter Körperteile immer müde.

- Vielleicht finden wir kreative Wege, wach zu bleiben, oder beschließen, unsere Praxis auf eine Zeit zu verlegen, wo wir nicht so müde sind. Beachten Sie, dass sich diese praktischen Erwägungen anders anfühlen als kritische und forcierte Reaktionen auf das Einschlafen.

Den Körper in Bewegung erforschen

Wir haben uns angeschaut, wie Sie den Körper achtsam erforschen, wenn er ruht und still atmet. Eine weitere Möglichkeit ist, die Achtsamkeit auf den Körper zu richten, wenn er in Bewegung ist – was im Verlauf unseres geschäftigen Alltags sehr häufig vorkommt. Doch wie oft achten wir wirklich auf körperliche Empfindungen?

Unsere physischen Empfindungen vermitteln uns nützliche Informationen über unseren körperlichen und emotionalen Zustand. Wenn wir lernen, für diese Botschaften empfänglich zu sein, sind wir in unserem Leben präsenter und können in Bezug auf unser Handeln und Verhalten besser entscheiden.

- Wenn wir spüren, wie unser Körper hetzt, können wir *beschließen*, langsamer zu machen.
- Wenn wir wahrnehmen, dass unsere Kiefer sehr verspannt sind, kann uns die Ursache dafür klar werden und wir können darauf *eingehen*.
- Wenn wir uns in Bewegung *spüren*, statt uns in Gedanken über unsere Ziele zu verlieren, können wir tatsächlich hier in unserem Leben sein, so, wie es wirklich ist.

Alltagsaktivitäten erleben

Da Achtsamkeit heißt, einfach freundlich und interessiert aufmerksam zu sein, können wir diese Haltung jeder Aktivität in unserem Leben entgegenbringen. Wenn wir uns unserer Erfahrung zuwenden, kann sie sich anders anfühlen (wie wir beim achtsamen Essen gesehen haben). Wir können wach werden für Details, die uns jahrelang entgangen sind.

Vielleicht möchten Sie damit experimentieren, alltägliche Dinge mit achtsamer Aufmerksamkeit zu verrichten, wie duschen, die Katze füttern, abwaschen, Auto oder Fahrrad fahren. Sie können bei diesen Aktivitäten den Fokus auf die Gesamtheit all Ihrer Sinneserfahrungen richten oder einfach aufmerksam sein für das, was Sie sehen oder hören oder riechen.

Wenn wir uns
unserer Erfahrung zuwenden,
können wir wach werden
für Details, die uns
jahrelang entgangen sind.

Übung: Achtsam gehen

Gehen ist eine ganz natürliche und häufige Bewegungsart, aber wir achten selten darauf, wie wir einen Fuß vor den anderen setzen, es sei denn, wir haben dabei Schmerzen.

1. Beginnen Sie, indem Sie sich hinstellen. Sie können auch barfuß gehen, um das Gehen genauer zu erforschen.

2. Achten Sie auf die Empfindungen Ihrer Füße im Kontakt mit dem Boden. Welche Fußbereiche berühren ihn tatsächlich? Was spüren Sie? Nehmen Sie mehr Empfindungen in den Zehen oder den Fersen wahr, an den Seiten oder den Ballen Ihrer Füße? Verteilt sich Ihr Gewicht gleichmäßig auf beide Füße, oder spüren Sie an bestimmten Stellen mehr Druck? Verlagern Sie Ihr Gewicht in verschiedene Richtungen, um zu spüren, wie sich dabei die Empfindungen verändern.

3. Erweitern Sie Ihre Aufmerksamkeit jetzt langsam, um den ganzen Körper wahrzunehmen und zu spüren, wie er hier steht und atmet.

4. Wenn Sie bereit sind, richten Sie den Lichtstrahl Ihres Gewahrseins wieder zurück auf die Füße.

5. Sie werden sich gleich in Bewegung setzen, beschließen Sie also, Ihr Gewicht auf einen Fuß zu verlagern. Spüren Sie, wie sich dabei die Empfindungen verändern. *Achtung!* Langsam gehen kann für Ihr Gleichgewicht eine ziemliche Herausforderung sein. Wenn Sie leicht das Gleichgewicht verlieren, schauen Sie, dass Sie sich beim Gehen irgendwo festhalten können, oder gehen Sie etwas schneller.

6. Setzen Sie jetzt langsam einen Schritt nach vorn und verfolgen Sie mit, wie Ihre Ferse Kontakt mit dem Boden aufnimmt.

7. Erforschen Sie die Empfindungen, die sich einstellen, wenn Ihr restlicher Fuß allmählich Kontakt mit dem Boden aufnimmt.

8. Spüren Sie, wie das ganze Gewicht auf diesem Fuß ruht, während sich der andere vom Boden hebt und durch die Luft bewegt, um den nächsten Schritt zu tun.

9 Wiederholen Sie dies langsam und gehen Sie im Zimmer im Kreis oder geradeaus.

10 Wenn Ihr Geist abschweift, nehmen Sie das einfach wahr und lenken Ihre Aufmerksamkeit freundlich, aber entschieden wieder auf die Empfindungen in Ihren Füßen. Sie müssen Ihren Geist wahrscheinlich häufig einladen zurückzukommen, was völlig in Ordnung ist. (Achtsamkeit heißt, *wir kehren mit unserer Aufmerksamkeit zurück* zu den Empfindungen, wie sie jetzt sind. Es geht nicht darum, unseren Fokus an einem Ort festzubinden oder festzuhalten, denn der Geist *wird* abschweifen – das ist einfach seine Natur!)

Diese Praxis Erweitern
- Verbinden Sie Ihren Atem mit den Bewegungen Ihrer Füße. Atmen Sie aus, während ein Fuß nach vorn tritt, und ein, während der andere sich durch die Luft bewegt, um den nächsten Schritt zu tun. Lassen Sie den Atem die Geschwindigkeit Ihrer Schritte bestimmen.
- Experimentieren Sie mit der Geschwindigkeit des Gehens.
- Richten Sie Ihre Aufmerksamkeit beim Gehen auf weitere Körperteile, um andere Aspekte des Gehens zu spüren, wie die Arme, die an den Seiten schwingen, oder der ganze Körper in Bewegung.
- Vielleicht versuchen Sie einmal, achtsam zu rennen!

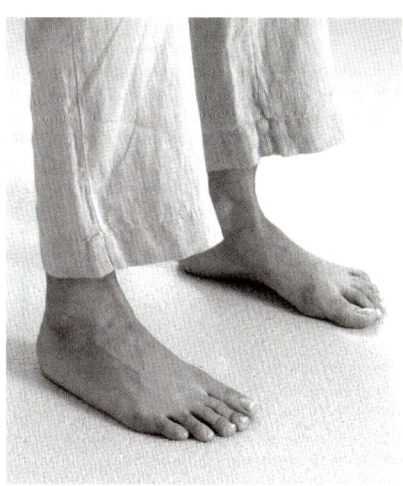
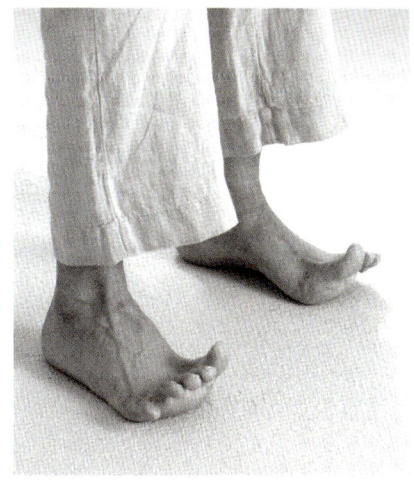

Achtsame Bewegung

Sie können achtsame Bewegung praktizieren, indem Sie mit Bewegungen experimentieren, die Sie normalerweise im Alltag nicht machen, und Körperhaltungen und -positionen einnehmen, in denen Sie den Botschaften Ihres Körpers neugierig lauschen können. Es gibt dafür keine vorgegebenen Wege. Für welchen Sie sich entscheiden, hängt davon ab, wie fit Sie sind, ob Sie momentan körperlich eingeschränkt sind und wie viel Raum Sie zur Verfügung haben.

Es ist wirklich wichtig, dass Sie sich nicht zwingen, weiter zu gehen, als für Ihren Körper in diesem Moment gut ist. Wenn Sie nicht sicher sind, was Ihnen körperlich möglich ist, ohne sich zu schaden, ziehen Sie bitte Ihren Hausarzt und/oder Ihre Physiotherapeutin zu Rate.

Das Ziel achtsamer Bewegung ist nicht, abzunehmen, kräftiger oder beweglicher zu werden, sondern einfach beim Bewegen auf die Empfindungen im Körper zu achten.

Grenzen und »kritische Punkte« bei achtsamer Bewegung erforschen

Sie können bei dieser Form von achtsamer Bewegung die interessante Lernerfahrung machen, Ihre Grenzen oder »kritischen Punkte« kennenzulernen und wahrzunehmen, wie Sie damit umgehen. Bei Dehn- oder Balanceübungen zeigt sich von selbst, wann wir uns der kritischen Grenze nähern. Sie kann durch Muskelverspannungen oder steife Gelenke, aber auch durch unsere Gedanken und Emotionen bestimmt sein. Diese Grenzen können überraschend variieren und von vielen Faktoren, wie Tageszeit oder Stimmung, abhängig sein.

Beim Üben sind Sie eingeladen, Ihre Grenzen und »kritischen Punkte« zu bemerken.

- Was geschieht, wenn Sie in diese Empfindungen hineinatmen?
- Haben Sie die Gewohnheit, sich, wenn es schwierig wird, »durchzubeißen«, oder schrecken Sie schnell zurück, damit es nicht unangenehm wird?
- Wird die Grenze weicher oder härter, wenn Sie sich sehr anstrengen oder sich zum Weitermachen zwingen?
- Welchen Einfluss hat Selbstkritik auf Ihre Erfahrung mit Grenzen?
- Wie beeinflussen Vergleiche mit Zeiten, wo Sie körperlich beweglicher oder flexibler waren, die körperliche Anspannung an diesem kritischen Punkt?
- Welchen Einfluss hat es, wenn Sie an diese Bewegungen spielerisch und entspannt herangehen?
- Was geschieht, wenn Sie sich freundlich ermutigen und sensibel auf die Botschaften Ihres Körpers eingehen?
- Können Sie freundlich und klug damit umgehen, wenn Ihr Körper und Geist den kritischen Punkt erreichen?

Wenn Sie Ihre geistigen und körperlichen Gewohnheiten besser kennenlernen, erfahren Sie viel über sich. Unmittelbar zu erleben, wie Sie mit Schwierigkeiten umgehen, beeinflusst Ihr Gefühl für die kritischen Punkte, die anfangs so fest und unveränderbar schienen.

Mit etwas Übung können Sie spüren, dass Momente der Stille in Wirklichkeit aus vielen dynamischen Mini-Anpassungen bestehen, während Sie Ihr Gleichgewicht finden. Vielleicht entdecken Sie, dass Sie weiterkommen, wenn Sie sich in die Dehnungen behutsam hineinentspannen, statt sich anzutreiben.

Durch die achtsame Erforschung von Empfindungen hier, direkt an Ihrer persönlichen Grenze, Ihrer Reaktionen und Ihrem Eingehen auf diese Erfahrungen, können Sie auch für andere »kritische Punkte« in Ihrem Leben neue Umgangsweisen entwickeln und einüben.

Wenn Sie möchten, probieren Sie einige der sanften Übungen auf den folgenden Seiten.

Übung: Bewegung im Stehen und Sitzen

Bei der Auswahl achtsamer Bewegungen ist es wichtig, nicht nur einige Muskeln oder die Muskeln einer Körperseite einzubeziehen, sondern die von Vorder- und Rückseite, linker und rechter Körperhälfte.

Dehnung für zwischendurch

Heben Sie beide Arme in Schulterhöhe, ohne dabei die Schultern hochzuziehen. Ziehen Sie den Bauchnabel Richtung Wirbelsäule und halten Sie ihn dort. Führen Sie den linken Arm hinter Ihren Rücken, wobei sie ihn sanft nach hinten und unten bewegen. Lassen Sie die Haltung wieder los und wiederholen Sie sie mit dem rechten Arm, jede Seite bis zu achtmal.

Seitwärtsbeuge

1 Setzen Sie sich seitwärts auf einen Stuhl, die Füße flach am Boden. Der rechte Arm liegt quer vor Ihrer Taille, die Hand ruht auf der Stuhllehne. Bringen Sie die linke Hand zum Hinterkopf.

2 Atmen Sie ein, drehen Sie ausatmend den Kopf nach rechts. Um die linke Körperseite zu dehnen, zeigt der Ellenbogen zur Decke, die rechte Schulter Richtung Boden. Fünfmal für jede Seite wiederholen.

Dehnung im Stehen

1. Stehen Sie mit den Füßen hüftbreit auseinander und parallel und leicht gebeugten Knien.

2. Atmen Sie ein, heben Sie die Arme seitwärts. Atmen Sie aus, und heben Sie die Arme weiter, bis sich die Hände über dem Kopf treffen.

3. Dehnen Sie sich weiter nach oben und spüren Sie die Dehnung im ganzen Körper. Atmen Sie sanft ein und aus und achten Sie dabei auf Empfindungen.

4. Während Sie langsam ausatmen, lassen Sie die Arme wieder nach unten sinken.

5. Schließen Sie die Augen, nehmen Sie Ihren Atem wahr und achten Sie auf Veränderungen, während die Arme neben dem Körper ruhen.

6. Heben Sie beide Arme, bis sich die Hände berühren, und beugen Sie sich nach links, wobei die Hüften nach rechts zeigen. Kehren Sie in die Mitte zurück und beugen Sie sich in die andere Richtung.

7. Kehren Sie in den Mittelstand zurück. Beobachten Sie die Empfindungen in Ihrem Körper.

ACHTSAME BEWEGUNG 69

Atempause in drei Schritten
Die Atempause in drei Schritten hat die Form einer Sanduhr – weit, eng, weit. Wie Sie in der Abbildung gegenüber sehen, ist das Ziel, sich Ihrer Erfahrung anfangs umfassend gewahr zu sein, um dann den Fokus auf Ihren Atem zu verengen und schließlich wieder zu erweitern. Sie können diese Atempause gut in Ihren Alltag einbauen. Vielleicht kommt sie Ihnen wie eine vereinfachte Version der längeren Übungen vor, die wir bislang beschrieben haben, aber tatsächlich ist sie eine ziemliche Herausforderung und enorm wichtig. Wir sind eingeladen:

- Inmitten unserer Geschäftigkeit *anzuhalten* und »den Gang zu wechseln«.
- Im Moment zu verweilen und einfach zu *sein*.
- Uns wirklich für die Details unserer Erfahrung zu öffnen, wie immer sie aussehen mögen.
- Dem Drang zu widerstehen, in diesem Moment etwas *tun* oder verändern und verbessern zu wollen.
- Unseren Fokus der Aufmerksamkeit mit drei konkreten Schritten zu verändern – von weit zu eng und wieder zu weit.

Sie können die Atempause in drei Schritten in Ihren Alltag einbauen, indem Sie sie dreimal täglich üben. Am besten verbinden Sie sie mit einer täglichen Aktivität wie Wasser kochen oder Hände waschen. Diese Handgriffe können als Erinnerungsstütze dienen und zu natürlichen Pausen in Ihrem Tagesablauf werden, in denen Sie sich auf Ihre Erfahrung einlassen und den »Autopilot« abschalten.

Diese Übung kann ein erster Schritt sein, wenn es stressig oder schwierig wird, denn sie hilft Ihnen, so auf die Dinge einzugehen, wie sie in diesem Moment *tatsächlich für Sie sind*. Wenn Sie sich Raum zum Atmen nehmen, haben Sie *nicht die Absicht, Ihre Erfahrung zu verändern*, sondern verschaffen sich einen Moment Ruhe, bevor Sie den nächsten Schritt tun.

Die drei Schritte

1.
Was geschieht gerade? Die Erfahrung so aufnehmen, wie sie ist ... Körperempfindungen? Mentale Abläufe? Hektisch oder ruhig? Bestimmte ständig wiederkehrende Gedanken? Emotionale Stimmung?

2.
Sich bloß auf die Empfindungen des Ein- und Ausatmens im Körper ausrichten.

3.
Den Fokus auf die Erfahrung des gesamten Körpers an diesem Ort erweitern. Verbindung zum Boden oder Stuhl? Körperliche Verfassung? Körperhaltung? Ausdruck? Raum, den der Körper einnimmt? Raum, der den Körper hier umgibt?

TEIL II

ACHTSAM UMGEHEN MIT HERAUS-FORDERUNGEN

Achtsamkeit bietet uns
einen Weg, mit
ganz unterschiedlichen
Problemen umzugehen,
denn der Fokus
liegt weniger auf den
Schwierigkeiten selbst
als vielmehr darauf,
wie wir ihnen begegnen.

Mit Schwierigkeiten arbeiten

Im zweiten Teil dieses Buches schauen wir uns einige der vielen Bereiche an, in denen Achtsamkeit hilfreich sein kann. Oft sind das Situationen in unserem Leben, die uns an unsere Grenzen bringen. Die damit verbundenen Probleme mögen sich sehr unterschiedlich anfühlen. Achtsamkeit bietet sich jedoch an, weil der Fokus dabei weniger auf den Schwierigkeiten selbst als vielmehr darauf liegt, wie wir mit ihnen umgehen.

Bislang haben wir Achtsamkeit als Möglichkeit erforscht, unsere Erfahrung so zu sehen, wie sie in diesem Moment ist. Das kann uns helfen, mit bestimmten Aspekten unserer Erfahrung, wie z.B. einem köstlichen Essen, einer Umarmung oder einem schönen Sonnenuntergang, in Berührung zu kommen. Wir können den Park, den Strand oder die Berge beim Gehen spüren, sehen und hören, sodass wir die Welt, in der wir leben, wirklich zu schätzen wissen und uns damit verbunden fühlen. Wir öffnen uns für die Erfahrungen, die es in unserem Leben bereits gibt.

Aber geht das auch, wenn die Umstände wirklich schwierig und unschön sind oder nicht so, wie wir sie gern hätten?
 Es liegt in der menschlichen Natur, auf Erfahrungen, die wir als unangenehm wahrnehmen, heftig zu reagieren. Wenn wir uns unwohl fühlen oder Schmerzen haben (körperliche wie seelische), möchten wir die Dinge anders haben, als sie gerade sind. Lassen sich die Schwierigkeiten in unserem Leben leicht lösen, gehen wir sie selbstverständlich aktiv an. Es ist ganz natürlich, dass wir äußere Umstände, Körperempfindungen oder Emotionen, unter denen wir leiden, am liebsten verändern, davor zurückschrecken oder weglaufen wollen. Doch in vielen Situationen ist das nicht so einfach möglich. Oft gibt es keine leichte Lösung, und selbst wenn wir alles versucht haben, bleibt die schwierige Situation bestehen.

Was kann Achtsamkeit also nützen, wenn wir an unsere Grenzen kommen? Schließlich lädt sie uns ein, uns schwierigen Umständen im Leben zuzuwenden und sie genau zu erforschen. Das macht doch bestimmt alles noch schlimmer, oder? Überraschenderweise nicht.

Der Vergleich mit dem Wetter kann hier hilfreich sein. Das Wetter hat viele verschiedene »Stimmungen« und wechselt ständig. An manchen Tagen weht der Wind stürmisch, es schüttet und ist eisig kalt, während andere Tage warm, sonnig und windstill sind. So ist es eben. Auch wenn uns das manchmal nicht gefällt, wissen wir, dass sich das Wetter nun einmal so verhält – wir können es nicht steuern und noch nicht einmal zuverlässig voraussagen. Wir müssen uns einfach anpassen und einstellen auf das, was es bringt.

Vielleicht ist es interessant, sich einmal zu fragen, ob Sie Ihr Leben und Ihre Erfahrungen nicht genauso sehen könnten. Ist es in Ordnung, dass auch das Leben manchmal stürmisch und schwierig und zu anderen Zeiten ruhig und friedlich ist? Akzeptieren Sie die Tatsache, dass Ihre augenblicklichen Lebensumstände, ganz gleich wie sie aussehen, sich in jedem Fall ändern *werden* und nichts von Dauer ist?

Manchmal glauben – oder hoffen – wir, unser Leben könne und solle ständig sonnig und ruhig verlaufen, ohne schwierige und stressige Erfahrungen. Dann versuchen wir wahrscheinlich, diesen stetigen, angenehmen Zustand herzustellen und sind frustriert, unzufrieden und enttäuscht, wenn es anders läuft (denken Sie an Kapitel 2, wo wir gesehen haben, dass der Handlungs-Modus des Geistes diese Sicht oft unterstützt).

Es ist normal, dass wir an den schönen Augenblicken im Leben festhalten und die schwierigen vermeiden, davor weglaufen oder sie geradebiegen wollen. Doch auch wenn das zu erwarten und verständlich ist, werden wir unseren Wunschzustand trotz all unserer Anstrengungen nicht anhaltend erreichen. Sofern wir uns nicht dazu entscheiden, in einen Teil der Welt umzuziehen, wo garantiert anderes Wetter ist, müssen wir angemessene Wege finden, uns an das Wetter *anzupassen*, das in unserem Leben nun einmal gerade herrscht.

Schwierigkeiten begegnen

Im Folgenden ein paar Beispiele für Schwierigkeiten oder Herausforderungen, denen Sie begegnen können: chronische Schmerzen, Sorgengedanken, akute Erkrankungen, ein schwieriger Chef, eine hohe Heizrechnung, eine streitsüchtige Tochter, ein Verkehrsstau oder Arbeitsanforderungen, die Sie an Ihre Grenzen bringen. Die Erfahrungen können in eigenen inneren Zuständen oder äußeren Ereignissen bestehen oder durch die Menschen bedingt sein, mit denen Sie Ihr Leben teilen.

Manchmal demonstrieren wir die Begegnung mit solchen Schwierigkeiten in unseren Achtsamkeitskursen, um in Berührung damit zu kommen, wie sich unsere Reaktionen auf Schwierigkeiten im Leben anfühlen. Und können dabei auch sehen, wie sich unsere eigenen Gefühle und Reaktionen auf diese Schwierigkeiten auf uns selbst auswirken. Wir nennen dies die »Aikido-Übung«, denn das »Tanzen mit Schwierigkeiten« (vgl. nächste Seite) geht auf die Kampfkünste zurück: Wir halten der Energie des Angriffs durch unser Gegenüber stand und steuern sie, statt sie abzuwehren oder zu überwältigen.

Achtsamkeit ermöglicht uns, mit Schwierigkeiten anders umzugehen, denn hier schulen wir uns darin, alle Umstände klar zu sehen und unseren Handlungsspielraum zu erweitern. Wir können aus gewohnten Reaktionsmustern aussteigen und lernen, uns klug zu verhalten. Wir können wach werden für unsere Entscheidungsmöglichkeiten und spüren, wie unser Verhalten mit unseren Schwierigkeiten zusammenspielt. Zwischen beiden besteht eine aktive Beziehung. Wenn Sie darüber einmal nachdenken, wird Ihnen möglicherweise klar, wie Sie auf Schwierigkeiten in Ihrem Leben meistens reagieren. Ist Ihnen eine Reaktion besonders vertraut oder kennen Sie mehrere davon gut?

Schock

Vielleicht wissen Sie nicht, wie Sie in diesem Moment reagieren sollen. Die Nachricht bringt Sie völlig aus dem Gleichgewicht, und Sie haben das Gefühl, dass sie Ihnen den Boden unter den Füßen wegzieht, z.B.:

- Sie bekommen eine unerwartet hohe Stromrechnung.
- Eine Freundin erzählt Ihnen, dass sie Krebs hat.

Vermeidung

Sie versuchen, zu bestimmten Umständen und damit verbundenen Gefühlen auf Abstand zu gehen. Doch stellen Sie fest, dass Ihnen das trotz Ihrer Bemühungen nicht gelingt, z.B.:

- Sie geraten auf der Heimfahrt abends im Bus mit einer streitsüchtigen Person aneinander und beschließen, ab jetzt nie mehr Bus zu fahren. Trotzdem müssen Sie irgendwie von der Arbeit nach Hause gelangen.
- Sie müssen beruflich manchmal Präsentationen halten, und obwohl man Ihnen sagt, Sie machten das prima, haben Sie solche Angst, öffentlich zu sprechen, dass Sie beschließen, die Stelle zu wechseln. Andere Jobs können aber dieselbe Anforderung mit sich bringen.

Den Kopf in den Sand stecken

Sie möchten einer Schwierigkeit ausweichen und hoffen, wenn Sie sich ducken und verstecken, ist sie weg, sobald Sie wieder hervorkommen. Aber die Schwierigkeit verschwindet nicht, sondern ist immer noch da, z.B.:

- Vielleicht haben Sie Beziehungsprobleme und denken, die erledigen sich schon von selbst.
- Ihr jugendlicher Sohn bleibt abends lange mit Freunden weg, die Sie nicht mögen, aber Sie reden sich ein, das sei nur eine vorübergehende Phase.

Kämpfen

Sie stürzen sich sofort auf Probleme und geben Ihr Bestes, um sie zu überwinden. Aber Sie stellen fest, dass die Schwierigkeiten eher zunehmen und Ihr Kampfgeist ermüdet.

- Sie haben wirklich schwer gearbeitet und sind müde und gestresst, denken aber, wenn Sie einfach noch mehr tun, schaffen Sie es und alles wird gut.
- Sie befürchten, ernsthaft krank zu sein, und holen sich alle erhältlichen Medikamente, damit es Ihnen besser geht. Sie lassen sich nicht unterkriegen.

Übung: Mit Schwierigkeiten tanzen

Mit Achtsamkeit können Sie Schwierigkeiten in Ihrem Leben begegnen wie ein Aikidokämpfer einem Angriff.

1 Während Sie sich dicht an den »Gegner« heranbegeben, stehen Sie stabil und sicher mit dem Boden verbunden.

2 Sie sehen und fühlen Ihre Schwierigkeit im Detail und bemerken dabei, wie sie beschaffen und angelegt ist.

3 Selbst wenn die Widrigkeit stark ist, können Sie, wenn Sie dicht herangehen, ihre Energie oder Kraft umleiten oder abwenden.

4 Jetzt, wo die Energie abgewendet ist, können Sie mit Ihrem »Gegner« Seite an Seite stehen. Keiner von Ihnen stützt sich auf den anderen.

5 Nun ist es möglich, die Kraft zu steuern, auch wenn sie immer noch groß ist, und zu entscheiden, in welche Richtung Sie sich bewegen wollen.

6 Statt eines Kampfes entsteht ein Tanz.

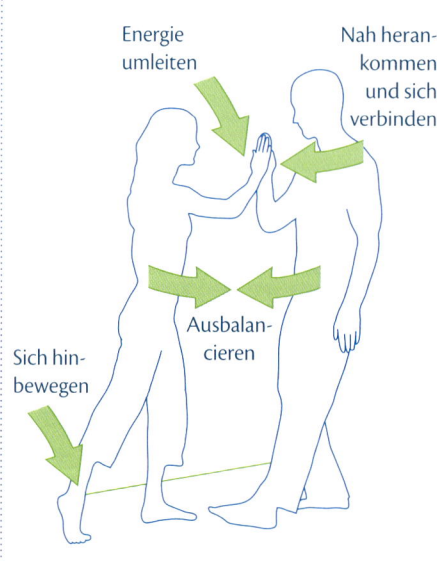

AGNES litt nach einer Rückenverletzung ständig an starken Schmerzen. Der Schmerz hatte Auswirkungen auf viele Bereiche ihres Lebens, sie schlief schlecht, war meist schlechter Stimmung und reizbar. Sie war wirklich wütend auf die Person, die den Auffahrunfall verursacht hatte. Innerlich spielte sie den Unfall immer wieder durch und musste an ihr aktives Leben davor denken, aber das machte sie nur zornig und hoffnungslos. Eine Zeitlang floh sie vor dem Schmerz in Alkohol und Drogen.

Als Agnes mit der Achtsamkeitspraxis begann, war sie zuerst skeptisch, aber gleichzeitig hatte sie das dringende Bedürfnis, »die Lösung« zu finden. Als sie lernte, ihre Situation neugierig und freundlich zu betrachten, stellte sie fest, dass Angst und Anspannung abnahmen. Sie konnte sich ihrer Erfahrung stellen und dabei sich selbst wie auch dem Schmerz mit einer gewissen Leichtigkeit und Sanftheit begegnen. Sie hatte gedacht, ihren Schmerz bereits genau zu kennen, aber durch achtsames Gewahrsein sah sie die Details noch deutlicher. Sie konnte die Muster erkennen und wie ihre körperlichen, emotionalen und gedanklichen Prozesse zusammenwirkten. Sie sah, wie ihr Ärger sie körperlich eng machte und den Schmerz verstärkte, und wie die Gedanken, die sie ständig neu durchspielte, sie nach unten zogen. Außerdem bemerkte sie überrascht, dass sie zu bestimmten Tageszeiten schmerzfrei war, und wenn sie doch Schmerzen hatte, dass diese sie nicht davon abhielten, bestimmte Dinge in ihrem Leben trotzdem zu genießen.

Natürlich beeinflussen bestimmte Lebensumstände unsere Erfahrungen. In der ersten Hälfte des Buches haben wir uns angeschaut, wie wichtig die eigene Wahrnehmung unserer Erfahrungen, die Bedeutung, die sie für uns haben, sowie unsere Reaktionen darauf sein können. Achtsamkeit hilft uns, Flexibilität und Widerstandskraft zu entwickeln, indem wir einfach präsent sind mit unserer Erfahrung, ihre inneren und äußeren Aspekte klar sehen und kreativ damit umgehen oder »tanzen«, sogar wenn wir sehr herausgefordert sind. Wenn wir erfahrenen Surfern zuschauen, können wir ihr Zusammenspiel mit der Welle sehen, auf der sie reiten. Ihre Balance und Sensibilität für die Energie und Entfaltung der Welle sowie für die eigene Haltung auf dem Brett ermöglichen eine dynamische Beziehung zwischen Surfer und Welle. Durch Achtsamkeitspraxis können wir lernen, »auf der Welle unseres Lebens zu surfen«.

04.

Achtsamkeit
und Depressionen

von Sarah Silverton

Depressionen sind
sehr verbreitet – eine von
vier Personen leidet
an irgendeinem Punkt
ihres Lebens daran.

Symptome einer Depression

Depressionen sind sehr verbreitet – eine von vier Personen leidet an irgendeinem Punkt ihres Lebens daran. Laut Weltgesundheitsorganisation gibt es weltweit etwa 121 Millionen Menschen mit Depressionen. Uns ist oft nicht klar, wie verbreitet Depressionen sind, weil die, die darunter leiden, meistens nicht darüber reden – noch nicht einmal mit der eigenen Familie und engen Freunden – und ihre Erkrankung für andere nicht immer offensichtlich ist.

Umgangssprachlich benutzen wir das Wort »depressiv« für eine ganze Reihe von Emotionen wie Traurigkeit, Enttäuschung und vielleicht sogar Frustration oder Langeweile. Das sind Gefühle, die wir alle hin und wieder erleben, da das Leben voller Herausforderungen und überraschender Wendungen ist. Depression als Krankheit jedoch unterscheidet sich deutlich von der Traurigkeit, die die meisten Menschen kennen. Wichtig ist auch zu betonen, dass Depressionen oft Hand in Hand mit Angst gehen.

Der depressive Kreislauf
Körper, Emotionen, Gedanken und Verhalten spielen zusammen, wenn wir depressiv sind und auf diese schmerzliche Erfahrung reagieren. Auch wenn jeder Mensch eine Depression in einzigartiger Form erlebt, zählen wir auf der nächsten Seite einige Symptome auf, die alle Betroffenen beschreiben. Wenn ein Mensch fünf oder mehr der entsprechenden Aspekte länger als mindestens zwei Wochen kontinuierlich erlebt, diagnostiziert der Arzt eine Depression.

Die bei Depressionen üblichen pessimistischen Gedanken oder Selbstvorwürfe können die Stimmung dämpfen und unser Körperempfinden direkt beeinflussen. Niedergeschlagenheit wiederum erhöht die Wahrscheinlichkeit von negativen Gedanken. Unser körperlicher Zustand wirkt sich oft auch direkt auf unsere Emotionen aus. Wenn wir z.B. müde sind, fühlen wir uns häufig bedrückt, und selbst wenn wir nur den Blick senken und einen Moment zusammensacken, kann das unsere Stimmung dämpfen und depressive Gedanken auslösen.

Körper
- Erschöpfung
- Sich körperlich langsamer fühlen
- Schlafprobleme (Schlafschwierigkeiten, zu frühes Aufwachen oder mehr schlafen als üblich)
- Essstörungen (Appetitverlust oder Frustessen)
- Gewichtszunahme oder -verlust
- Weinen/Weinerlichkeit
- Ängste

Emotionen
- Traurigkeit
- Lethargie
- Kein Interesse mehr an sonst erfreulichen Dingen
- Gereiztheit
- Ärger
- Sich wie betäubt, abgeschnitten von den Emotionen fühlen
- Schuldgefühle
- Scham

Gedanken
- Selbstkritisch
- Pessimistisch
- Entmutigt
- Unangemessene Schuldgefühle
- Infragestellung des eigenen Selbstwerts/Selbstzweifel
- Annahme, die Dinge seien so, wie sie sind, nicht richtig (an sich selbst oder im eigenen Leben)
- Todesgedanken
- Grübelei
- Gedankenkreisen, schwer »abschalten« können,
- Schwierigkeiten sich zu konzentrieren oder klar zu denken

Verhalten
- Rückzug von normalen Aktivitäten
- Soziale Isolierung/Kontaktvermeidung
- Vertiefung in Aktivitäten, die als Ablenkung von Gefühlen dienen oder Gedanken ausschalten
- Veränderte Essgewohnheiten (mehr oder weniger essen als üblich)
- Sich ins Bett legen
- Veränderte Schlafgewohnheiten (früh aufwachen, Einschlafschwierigkeiten oder mehr schlafen als üblich)
- Streitsüchtig

Ursachen von Depressionen

Depressionen können auf mehreren verschiedenen Faktoren beruhen. Als eine Ursache gilt ein biochemisches Ungleichgewicht, das bei einigen Depressionsarten, z.B. der postnatalen Depression, deutlicher ist als bei anderen. Antidepressiva sollen dieses Ungleichgewicht ausgleichen.

Depressionen können auch durch bestimmte Lebensereignisse ausgelöst werden, wie schwierige Beziehungen zu den Bezugspersonen in unserer Kindheit, Traumen, Verluste oder andere Widrigkeiten im Leben.

Es gibt wachsende Belege dafür, dass Depressionen in dem Maße wieder auftreten, wie ein Mensch bereits depressive Episoden erlebt hat. Nach zwei Episoden ist die Sensibilität für auslösende Faktoren bereits erhöht. John Teasdale (s. S. 14–17) weist darauf hin, wie sensibel diese Reaktion im Lauf der Zeit werden kann, sodass bereits normale Erlebnisse wie morgendliche Müdigkeit oder eine ganz nachvollziehbare Traurigkeit einen Prozess in Gang setzen, in dem sich die Depression wieder festsetzt. Wenn wir dieses Muster nicht erkennen, kann sich unser depressives Erleben entwickeln, entfalten und verfestigen, ohne dass wir es merken. Viele Menschen haben keine Ahnung, warum eine depressive Episode beginnt, und finden das verständlicherweise sehr beängstigend.

Reaktionsmuster
Vielleicht stellen Sie beim Lesen dieses Kapitels fest, dass sich Ihre Körperempfindungen oder Ihre Stimmung verändern. Das bloße Lesen bestimmter Worte kann uns an Zeiten erinnern, wo wir depressiv waren, und uns für damit zusammenhängende emotionale oder körperliche Veränderungen anfällig machen. Auslöser kann ein bestimmtes Ereignis oder eine körperliche oder psychische Erfahrung sein. Diese setzt einen physischen und mentalen »Fluss« oder eine Kettenreaktion in Gang. Je nach deren Beschaffenheit können wir die anfängliche Erfahrung sogar *verstärken* (s. S. 104 zu dem Thema, wie unser Blick auf vergangene Ereignisse häufig die Gegenwart färbt).

Wie Vermutungen Bedeutung schaffen
Sie warten vergeblich auf den Anruf einer Freundin …

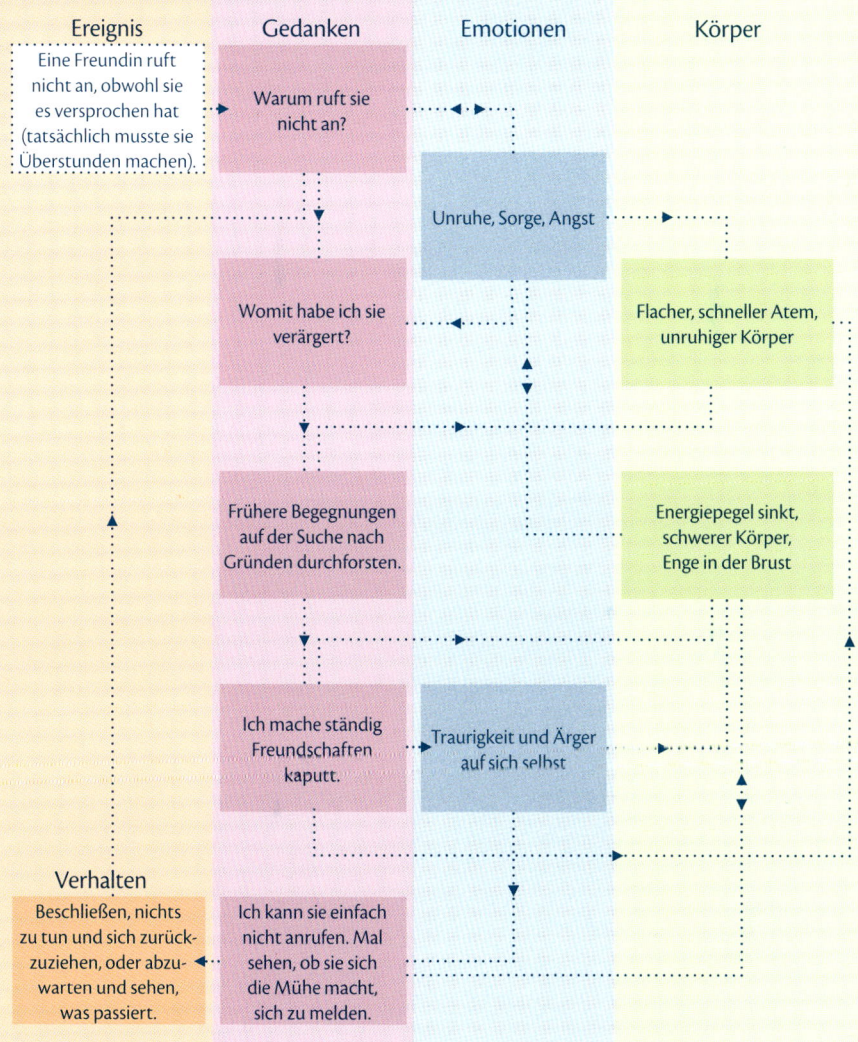

Diese gedankliche und emotionale Kettenreaktion ist den Umständen – dass die Freundin Überstunden machen musste – nicht angemessen.

Unsere Sicht auf Erfahrungen

Wir machen täglich unzählige Erfahrungen, denen wir sofort eine Bedeutung geben. Dabei nehmen wir nicht alle Informationen auf, sondern treffen eine Auswahl, die auf unserer gewohnten Sicht der Welt beruht. Manche Dinge greifen wir auf, andere ignorieren wir: Wir filtern unser Erleben durch eine bestimmte Brille.

Zeugenaussagen zu Verbrechen weichen beträchtlich voneinander ab – selbst grundlegende Details werden oft von Menschen, die ein und dasselbe Ereignis gesehen haben, radikal unterschiedlich wahrgenommen. Wenn wir uns im Spiegel betrachten, konzentrieren wir uns oft auf die unvorteilhaftesten Details und lassen unsere Vorzüge außer Acht.

Der kreative Geist füllt die Lücken
Wir nehmen Informationen über unsere Erfahrungen durch diese Wahrnehmungsbrille auf, *interpretieren* diese Informationen und geben ihnen Bedeutung. Unser Geist muss *wissen*. Dieser normale menschliche Prozess läuft bei uns allen ab, ist aber besonders wichtig für Menschen, die depressiv werden. Unserem Geist fällt es schwer zuzugeben, dass er nicht alle Fakten kennt, und er macht sich eifrig daran, die Lücken zu füllen. Optische Täuschungen sind ein gutes Beispiel dafür, wie der Geist nach Bedeutung Ausschau hält.

Unser Geist füllt diese Lücken in unserem Verständnis, indem er auf frühere Erfahrungen, Glaubenssätze und innere Überzeugungen zurückgreift. Weil diese Informationen uns so gut bekannt sind, klingt die Geschichte, die unser Geist erfindet, für uns meist völlig glaubhaft: Sie macht offensichtlich Sinn und passt mit den Informationen, die wir haben, zusammen. Also hinterfragen wir unsere Annahmen selten und handeln oft, als hätten wir es mit eindeutig bewiesenen Tatsachen zu tun. Wenn Sie depressiv sind, entwickeln Sie wahrscheinlich völlig andere Annahmen als ein Mensch, der positiv in die Welt blickt.

Susi fährt Bus

Machen Sie beim Lesen der folgenden Sätze *nach jedem Satz* eine Pause und achten Sie auf das Bild, das Sie sich *nach jedem Satz* von der beschriebenen Situation machen.

....

1.
Susi fährt mit dem Bus eine Strecke, die sie schon oft gefahren ist.

....

2.
Sie hat einen Lieblingsteddy im Schoß und ist sehr glücklich.

....

3.
Sie kann es kaum erwarten, ihre Enkelin wiederzusehen, die sie lange nicht gesehen hat.

....

4.
Durch ihre letzte Reise, bei der sie allein um die Welt segelte, war sie monatelang von ihrer Familie getrennt.

....

Was ist Ihnen aufgefallen? Produziert Ihr Geist Bilder und Gedanken, die Ihnen sagen, was für ein Mensch Susi ist? Hat sich dieses Bild dadurch verändert, dass Sie mehr über sie erfuhren?

Der Umgang mit Depressionen

Eine Depression ist eine schwierige und höchst unangenehme Erfahrung. Natürlich wollen wir uns nicht so fühlen und versuchen alles, um es zu vermeiden oder abzuwenden. Oft besteht die Strategie darin, den Schmerz der Depression zu betäuben oder ihm auszuweichen.

Solche Bewältigungsstrategien können kurzfristig durchaus funktionieren. Sich ins Bett legen scheint eine vernünftige Lösung, wenn man schmerzliche Gedanken hat, erschöpft ist, sich verletzlich fühlt und keinen Kontakt will. Schlaf kann uns dann eine Atempause verschaffen. Doch beim Aufwachen ist alles beim Alten und im Bett liegen bleiben heißt, beängstigenden oder beunruhigenden Gedanken wehrlos ausgeliefert sein. Vielleicht schneiden wir uns auch von Familie und Freunden ab, die uns helfen könnten, eine neue Perspektive zu finden, oder die uns in dieser schmerzlichen Erfahrung unterstützen würden.

Ein radikal anderer Ansatz

Unser Geist will uns zwar helfen, indem er aus unseren Erfahrungen schlau zu werden versucht, doch nicht selten verstärkt er unseren Kummer unwillentlich durch seine Grübelneigung und ständiges Durchdenken. Der Prozess, eine Erfahrung zu machen, ihr eine Bedeutung zu verleihen und dadurch bestimmte Gedanken, Emotionen und Körperempfindungen in Gang zu setzen, kann sehr schnell und überwiegend automatisch ablaufen. Und schon hängen wir in einer Spurrille fest, denken unwillentlich ständig das Gleiche und fühlen und verhalten uns entsprechend.

Nehmen wir unsere Erfahrung hingegen durch Achtsamkeitspraxis wahr, wie wir es im ersten Teil dieses Buches erforscht haben, treten einen kleinen Schritt zurück und geben ihr Raum, so zu sein, wie sie in diesem Augenblick ist, kann das unsere Sicht grundlegend verändern – sogar in schwierigen Situationen.

Die Einladung der Achtsamkeit, uns näher an unsere Erfahrungen heranzubegeben und die Details zu sehen und zu fühlen, mag uns intuitiv nicht einleuchten, macht aber sehr viel Sinn. Stellen Sie sich vor, Sie fahren im Winter mit dem Auto auf einer stark vereisten Straße – wie verhalten Sie sich?

- Ignorieren Sie die Tatsache, dass die Straße vereist ist, und fahren im selben Tempo weiter?
- Halten Sie an und fahren nicht weiter, weil etwas passieren könnte?
- Beschleunigen Sie das Tempo, um diese gefährliche Situation so schnell wie möglich hinter sich zu bringen?

Im Gegensatz dazu könnten Sie:

- Langsamer fahren und die Lage genau untersuchen.
- Prüfen, ob die Straße völlig vereist ist oder nur das vor Ihnen sichtbare Stück.
- Den weiteren Verlauf der Straße auf Steigungen und Gefälle hin untersuchen.
- Schauen, ob die Straße breit oder schmal ist und ob sie breite Randstreifen oder an den Seiten Schlaglöcher hat.
- Abschätzen, ob Ihr Wagen für diese Straßenverhältnisse gerüstet ist.
- Einschätzen, ob Sie mit solchen Straßenverhältnissen genug Erfahrung haben, um den Wagen sicher zu steuern.

Mit diesen Informationen können Sie angemessen handeln. Vielleicht ist es sicher weiterzufahren, weil nur eine einzelne vereiste Pfütze vor Ihnen liegt; vielleicht müssen Sie herunterschalten und langsamer fahren; vielleicht könnten Sie Schneeketten aufziehen; oder Sie sollten umkehren und eine anderer Strecke nehmen. *Bei keiner dieser Optionen muss die Straße sich verändern.*

Achtsamkeit erlaubt uns einen ähnlichen Umgang mit der schmerzlichen Erfahrung einer Depression: Wir erfassen unsere inneren und äußeren Umstände klar und schnell – selbst wenn sie sich bedrohlich anfühlen. Das wiederum zeigt uns, wie wir am besten damit umgehen können.

Der achtsame Umgang mit Erfahrungen

Wie wir bereits gesehen haben, stehen Gedanken, Emotionen, Körper und Verhalten in einer Wechselbeziehung. Wenn wir üben, auf unsere Erfahrungen achtsam einzugehen, ist es wichtig, uns daran zu erinnern. Richten wir uns auf den Körper aus, beeinflusst das unsere Stimmung, und das Eingehen auf unsere Gedanken wirkt sich auf unseren Körper und unsere Emotionen aus.

Haben Ihre Gedanken viel Macht, ist es wahrscheinlich klug, eine Umgangsweise zu wählen, die sich auf die Enge im Körper ausrichtet. Ist Ihr Körper hingegen schwer und müde, liegen Freundlichkeit und ermutigende Gedanken Ihnen beim achtsamen Umgang vielleicht näher als eine Bewegungspraxis.

Zurücktreten oder sich »de-zentrieren«

In dem Augenblick, wo wir innehalten und uns anschauen, wie die Dinge wirklich für uns sind, treten wir einen Schritt aus dem dichten »Nebel« der Depression heraus. Wir haben einen anderen Ort gefunden, der uns eine andere Sicht unserer Erfahrung ermöglicht. Sind wir imstande, innezuhalten, uns zu de-zentrieren und zu erforschen, was hier passiert, stellen wir möglicherweise fest, dass da nicht *nur* Nebel ist und *dieser nicht für immer anhält*.

Freundliche Neugier für das Hier und Jetzt

Eine weitere wichtige Veränderung ist, neugierig auf unsere Erfahrung zu werden. Neugier heißt uns, anders als bei unserer üblichen Reaktion (uns abwenden oder Dinge weghaben wollen), unserer schwierigen Erfahrung *zuzuwenden*. Gehen wir auf schwierige Erfahrungen neugierig zu, können wir kreativer damit umgehen, unsere Gedanken, Emotionen und Empfindungen wahrnehmen und sehen, wie sie zusammenspielen. Wenn unsere Erfahrung mit dem achtsamen Umgang mit Schwierigkeiten wächst, nimmt die Angst ab, uns so zu fühlen. Wir erkennen, dass es sicher ist, diese Erfahrungen zu erforschen.

Gedanken als mentale Ereignisse betrachten

Besonders schwer fällt es uns beim Praktizieren von Achtsamkeit wahrscheinlich, mit Gedanken präsent zu bleiben, vor allem, wenn diese mit starken und schmerzlichen Emotionen einhergehen. Gedanken machen oft mächtig Propaganda, um uns in ihre Geschichten zu verwickeln. Es kann einige Übung erfordern, vom Inhalt Ihrer Gedanken Abstand zu nehmen und sie klar zu sehen. Folgende Überlegungen können helfen:

- Was sagen Ihre Gedanken? Betreffen sie Vergangenheit (Überlegungen, Erinnerungen, Rückblicke), Zukunft (Erwartungen, Pläne, Sorgen) oder Gegenwart (Kommentare, Urteile)?
- Kennen Sie einige dieser Gedanken gut?
- Vergleichen Sie diese Gedanken mit vorbeiziehenden Wolken – sind sie leicht und zart oder dunkel und schwer? Scheinen sie den ganzen Himmel zu bedecken?
- Mit welcher Geschwindigkeit oder Energie ziehen die Gedanken dahin? Tauchen viele Gedanken auf oder gehen Ihnen nur einige hartnäckig durch den Kopf?
- Kommen diese Gedanken Ihnen häufig, wenn Sie niedergeschlagen sind? Vielleicht können Sie diese Gedanken, ähnlich wie hohes Fieber bei Grippe, einfach als Symptom sehen, dem Sie nicht so viel Aufmerksamkeit und Glauben schenken müssen?
- Achten Sie auf den Geschmack und die Verzerrungen Ihrer Gedanken. Verallgemeinern sie sehr oder spielen sich als Weissagung für die Zukunft auf? Enthalten sie viel »du sollst« und »du musst«?
- Schließen Sie Freundschaft mit sich und diesen Gedanken, wenn sie auftauchen. Vielleicht heißen Sie sie sogar als altbekannte Besucher willkommen?
- Erlauben Sie Ihren Gedanken einfach durchzuziehen, ohne sie abzublocken oder infrage zu stellen, aber auch ohne ihnen viel Glauben zu schenken.

Vergleichen wir Gedanken mit Zügen, kann es sich anfühlen, als würden wir auf jeden vorbeifahrenden Zug aufspringen, selbst wenn wir gar nicht in seine Richtung möchten! Unser Geist verwickelt sich mit jeder Idee und landet an weit entfernten Orten, die mit unserem Ausgangsort scheinbar keinerlei Verbindung haben.

Achtsamkeit erlaubt uns zu *entscheiden*, ob wir in einen Gedankenzug einsteigen wollen oder nicht. Sind wir unwillkürlich zugestiegen, können wir beschließen, an der nächsten Haltestelle wieder auszusteigen, statt bis zur Endstation mitzufahren.

Dieser Umgang mit depressiven Gedanken unterscheidet sich von anderen therapeutischen Ansätzen. Manche konzentrieren sich darauf, Gedanken zu analysieren und nach ihren Wurzeln in unserer Vergangenheit zu forschen. Andere Ansätze laden uns ein, unsere Gedanken, wenn auch freundlich, zu hinterfragen und Alternativen zu finden, die zutreffender sind und den momentanen Umständen besser entsprechen.

In der Achtsamkeitspraxis »arbeiten« wir nicht mit unseren Gedanken, sondern sind eingeladen, einen stabileren Ort zu finden, von dem aus wir sie klarer sehen. Wenn wir in unserer Erfahrung Raum für unsere Gedanken schaffen, scheint ihnen das paradoxerweise Kraft zu entziehen.

Den Fokus der Aufmerksamkeit verändern

Durch Achtsamkeitspraxis machen wir die Erfahrung, dass wir den Fokus unserer Aufmerksamkeit verändern und uns, selbst wenn sich unser Geist in schwieriges Gelände ziehen lässt, neu ausrichten und den Fokus unserer Aufmerksamkeit selbst bestimmen können. Wir können ihn richten auf:

- Die *Empfindungen der Bewegungen in unserem Körper* beim Atmen. Unser Atem kann als Anker dienen, um uns sicher mit dem Jetzt zu verbinden, wenn unsere Emotionen Sturm laufen.
- Wir können die Geräusche um uns herum *hören*, uns auf deren Details konzentrieren und mit einem umfassenderen Bild des Seins in diesem Augenblick verbinden.
- Wir können Details dessen *sehen*, was uns jetzt umgibt.

Durch Achtsamkeit können sich im *Lichtstrahl unserer Aufmerksamkeit* andere Erfahrungen des Moments zeigen. Unsere Erfahrung ist wie ein Gewebe aus vielen unterschiedlichen Fäden, von denen einige dunkel sind. Wenn die Dinge schmerzlich sind, konzentrieren wir uns oft nur auf das Düstere und verlieren alles andere aus den Augen. Das Gewebe enthält jedoch immer auch andere Farben, die wir wahrnehmen können.

Die Öffnung unseres Gewahrseins für das breite Spektrum unserer Erfahrung ist etwas völlig anderes als die Abwehrstrategie, uns davon abzuschneiden (indem wir sie meiden oder verdrängen). Wir erlauben schwierigen Erfahrungen, einfach da zu sein, aber – wenn wir das beschließen – im Hintergrund als Teil des Bildes und nicht im Scheinwerferlicht.

In unseren Achtsamkeitskursen laden wir Menschen ein, eine Woche lang Tagebuch zu führen und angenehme Erlebnisse aufzuschreiben (das muss nichts Großartiges sein). Vielleicht möchten Sie das auch einmal ausprobieren. Viele Menschen sind angenehm überrascht, wie viele erfreuliche Erfahrungen sie bereits machen. Sie waren ihnen einfach entgangen, weil sie sich auf die – vermeintlich wichtigeren – problematischen Erfahrungen konzentriert hatten.

In diesem Moment sein

Das achtsame Gewahrsein für unsere Erfahrung jetzt, statt für Vergangenheit oder Zukunft, kann ein bedeutender Schritt zu einer neuen Sicht der Dinge sein.

HANNA wachte früh auf, und sofort begann sie sich Sorgen zu machen. Ängstlich fragte sie sich, was diese Schlafstörung wohl bedeuten mochte. Bekam sie wieder Depressionen? Ihre Gedanken beschworen lebhafte, beunruhigende Erinnerungen herauf.

Als sie sich einfach auf den gegenwärtigen Moment ausrichtete, sah sie, dass sie, obwohl so früh wach, nicht müde, sondern ausgeschlafen war. Sie achtete auf Geschwindigkeit und Färbung ihrer Gedanken und erkannte einige, die ihr vertraut waren. Statt ihnen viel Beachtung zu schenken, beschloss sie, sich auf die augenblicklichen Empfindungen in ihrem Körper zu konzentrieren. Sie machte es sich im Bett bequem und leitete sich an, innerlich langsam und freundlich durch den ganzen Körper zu gehen.

Sie entdeckte dabei vieles, was ihr sagte, dass in *diesem* Augenblick alles gut war. Zum Beispiel hatte sie es warm und gemütlich. Ihre körperliche Erfahrung erforschen hieß, dass ihr eifriger Geist sich in diesem Moment mit etwas anderem beschäftigen konnte.

Achtsamkeit erlaubt uns,
unsere innere und äußere
Umgebung klarer zu sehen.
Das zeigt uns,
wie wir am besten
darauf eingehen können.

> **Uns um uns selbst kümmern**
> Wenn uns ein gewohntes Muster bewusst wird und wir merken, dass wir niedergeschlagen sind, können wir Wege finden, uns um uns zu kümmern, während – und weil – wir uns so fühlen.
>
> - *Musik hören, tanzen, ein warmes Bad nehmen, gut essen, spazieren gehen, eine Tasse Tee trinken* kann Ihnen das Gefühl geben, auf Ihre körperlichen oder seelischen Bedürfnisse einzugehen.
> - *Zeit mit einer Freundin oder einem Haustier verbringen, einen Sonnenuntergang anschauen, eine Umarmung* kann Ihnen helfen, sich weniger allein und als Teil eines größeren Ganzen zu fühlen.
> - *Eine Rechnung bezahlen, das Auto waschen, alte Mails löschen oder Frühjahrsputz halten* kann Ihnen das Gefühl geben, etwas zu leisten und Ihr Leben aktiv zu gestalten.
> - *Malen, ein Gedicht schreiben, tanzen oder gärtnern* sind ein kreativer und angenehmer Zeitvertreib.
> - *Ihr Essen bewusst genießen, beim Duschen das warme Wasser und den Schaum auf der Haut spüren, die Gesichter Ihrer Familie beim gemeinsamen Essen betrachten oder Abspülen* sind Möglichkeiten, achtsames Gewahrsein in Ihren Alltag zu bringen.

Das sind nur einige Möglichkeiten der Selbstfürsorge. Wichtig ist, dass Sie mit der gewählten Aktivität auf Ihr jetziges Gefühl eingehen, diese Schritte als Experiment betrachten und sie mit *achtsamem Gewahrsein* tun. Sie begeben sich geistig in Ihren neugierigen »Seins«-Modus, statt die Dinge anders haben zu wollen. Selbst kleine Schritte können viel bewirken.

Bewegungspraxis

Wenn wir depressiv sind, fühlen wir uns oft lethargisch – wir haben den Impuls, uns zurückzuziehen, zusammenzukauern und nichts mehr zu tun. Es gibt jedoch klare Belege dafür, dass es unsere Stimmung hebt, wenn wir die Haltung ändern und uns aufrecht hinsetzen: der Brustkorb offen, die Schultern zurückgenommen und Blick und Kinn leicht angehoben. Auch lächeln hilft, selbst wenn wir nicht glücklich sind.

Intuitiv mag es uns nicht einleuchten, uns zu bewegen, wenn wir müde oder niedergeschlagen sind (es kann sogar unmöglich scheinen). Aber Bewegung oder Körperübungen können eine positive Wirkung auf unsere Stimmung und unseren Energielevel haben. Energie kann sich anfühlen wie eine kostbare und knappe Ressource, die wir horten müssen. Es scheint logisch zu warten, bis unsere Energie steigt, *bevor* wir an unsere Reserven gehen. Überraschenderweise ist das nicht der Fall.

Regelmäßiges schnelles Gehen, Dehnübungen oder Schwimmen können in Bezug auf den Körper und die Stimmung viel bewirken. Wenn wir pessimistische Gedanken haben, die mit Macht daherkommen, kann es leichter sein, uns ihnen über den Körper und damit aus einer anderen Perspektive zu nähern, statt uns direkt den Gedanken zuzuwenden.

Wenn wir depressiv sind, gleicht unsere Energie eher einer Quelle als einem Teich. Räumen wir den Ort, wo die Quelle entspringt, durch sanfte und achtsame Bewegung frei, kann sie wieder sprudeln.

Freundlichkeit und Depressionen

Eine Depression ist wirklich schmerzlich und hat viele Facetten. Eine depressive Freundin würden wir freundlich unterstützen wollen. Jedoch fällt es vielen depressiven Menschen schwer, mit sich selbst freundlich zu sein oder Freundlichkeit von anderen anzunehmen. Sie tun Freundlichkeit oder Komplimente als unaufrichtig oder unverdient ab (oder lassen sie gefühlsmäßig gar nicht an sich heran).

Anfangs nehmen wir vielleicht nur die kritischen und unfreundlichen Dinge wahr, die wir uns selbst sagen und antun. Aber vielleicht ist es möglich – wenn auch nur in kleinen Schritten –, freundlich und unterstützend mit uns umzugehen, genau *weil* wir so fühlen und denken? Uns einzugestehen, dass wir leiden, kann ein erster und wichtiger Schritt der Selbstfürsorge sein.

In Kursen für achtsamkeitsbasierte kognitive Therapie (MBCT) sehen die Teilnehmenden, wie andere in der Gruppe selbstkritisch oder unfreundlich mit sich umgehen, und erkennen, dass nicht stimmt, was diese Person sich einredet. Das kann ihnen helfen, sich selbst zu fragen: »Vielleicht ist auch meine Selbstkritik ungerecht und unwahr?« (Mehr über MBCT auf S. 14–17 und 178.)

05.
Achtsamkeit bei Stress und Angst

von Vanessa Hope

Achtsamkeit lädt uns ein,
uns unseren Erfahrungen
zuzuwenden,
weil unsere Versuche,
sie zu verändern oder
davor wegzulaufen,
nicht funktionieren und
unser Stress immer
noch da ist.

Wie wir mit Stress und Angst umgehen können

Achtsamkeit hilft Menschen seit über 35 Jahren bei vielen Arten von Stress. Als Jon Kabat-Zinn (s. S. 13–14) anfing, Achtsamkeit zu unterrichten, nannte er seine Kurse »Achtsamkeitsbasiertes Programm zur Stressreduzierung« (»The Mindfulness-Based Stress Reduction Programm«).

Das Leben ist offensichtlich seither für uns alle stressiger geworden. Wir erleben überall Stress – beruflich, privat, finanziell. Damit einher gehen Sorgengedanken, die Furcht oder ängstliche Unruhe auslösen, die sich wiederum auf unseren Körper und unsere Gefühle auswirken können.

Warum ist Achtsamkeit für die Stressreduzierung so hilfreich? Wie wir in diesem Buch immer wieder gesehen haben, lädt Achtsamkeit uns ein, mit Schwierigkeiten in unserem Leben radikal anders umzugehen, als wir es gewohnt sind. Achtsamkeit heißt nicht, Ursachen für Stress zu beseitigen oder Schwierigkeiten loszuwerden (viele davon sind unlösbar mit unserem Leben verbunden). Im Achtsamkeitstraining wenden wir uns unseren Schwierigkeiten vielmehr direkt zu und erforschen sie, weil dies unsere Erfahrung in diesem Augenblick ist.

Nur wenn wir genau hinschauen, was in unserem Leben wirklich vor sich geht, können wir klug entscheiden, wie wir handeln wollen. Achtsamkeit lädt Sie ein, sich Ihre Probleme zunächst einmal so, wie sie für Sie in diesem Augenblick sind, einzugestehen und ihnen Ihre ganze Aufmerksamkeit zu schenken.

Ihren Stress sehen

Stellen Sie sich einmal folgende Frage: »Was macht mir momentan Stress?« Denken Sie einen Moment darüber nach. Vielleicht können Sie die Punkte aufschreiben.

Hat Ihr Stress mit Geld zu tun? Mit der Arbeit? Mit der Familie?

Fragen Sie sich: »Wie reagiere ich, wenn mich diese Probleme stressen?« Als Erstes fällt Ihnen vielleicht ein, welche *Folgen* es hat, wenn Sie gestresst sind, weil Sie z.B. jemanden anschreien. Vielleicht schreiben Sie auf, was körperlich passiert, wie Ihre Stimmung sich ändert, welche Gedanken Sie haben und wie Sie sich dann verhalten. Sie merken an dieser Stelle vielleicht, dass wir die einzelnen Stränge Ihrer Erfahrung entwirren. Ein verheddertes Wollknäuel würde sich wahrscheinlich noch mehr verheddern, wenn Sie es entwirren wollen, indem Sie an einem losen Ende ziehen. Bewegen wir die Fadenstränge jedoch behutsam auseinander, lockert sich der Knoten.

Meistens drücken wir dem, was wir erleben, den Stempel »Stress« auf und halten es dann für unlösbar. Wenn wir aber erforschen, was tatsächlich passiert, fällt uns auf, dass unser Stress viele Aspekte hat – und durch Innehalten und Hinschauen weitet sich der Raum für mehr Möglichkeiten, mit unserem Stress umzugehen.

Das Wesen von Stress

Stress ist eine natürliche Reaktion unseres Körpers auf wahrgenommene Bedrohungen. Wir haben den grundlegenden Instinkt, in Notsituationen unser Überleben zu sichern. In weniger zivilisierten Zeiten als unserer mussten Menschen auf Gefahren körperlich schnell reagieren. Wenn Ihr Leben durch ein wildes Tier bedroht ist, können Sie angreifen, weglaufen oder sich ganz still verhalten. Unser Körper reagiert automatisch und prompt, um uns dabei zu helfen. Dabei wird er unterstützt vom sympathischen Nervensystem, das die Hormone Adrenalin und Kortisol ausschüttet, um uns aufs Handeln vorzubereiten.

Entscheidend ist, dass unser Körper auf die gleiche ursprüngliche und vorprogrammierte Weise reagiert, egal ob die Bedrohung von außen (z.B. ein Auto, das auf uns zurast) oder von innen kommt (ängstliche Überlegungen, sich über den Lärm der Nachbarn zu beschweren, aber die Folgen fürchten).

Körperliche Reaktionen

Auf der nächsten Seite sehen Sie, wie Sie die Stressreaktion in Ihrem Körper vermutlich erleben. Vielleicht wird Ihnen klar, wie natürlich und instinktiv die Stressreaktionen sind, die Sie aufgeschrieben haben?

In primitiveren Zeiten wurde das bei Bedrohungen ausgeschüttete Adrenalin und Kortisol durch Angriff oder Flucht verbraucht. Dadurch wurde unser parasympathisches Nervensystem angeregt, verschiedene Hormone (Oxytocin und Vasopressin) auszuschütten, um Geist und Körper zu beruhigen und uns wieder ins Gleichgewicht zu bringen.

Natürlich erleben wir auch positiven Stress, etwa wenn wir befördert werden oder heiraten – und sogar Langeweile kann stressig sein.

In heutiger Zeit entsteht Stress nicht unbedingt aufgrund körperlicher Bedrohung, sondern eher durch unsere Gedanken. Oft handelt es sich weniger um tatsächliche Begebenheiten, sondern um Befürchtungen. Das hat zur Folge, dass wir nicht die Chance haben, körperlich mit Kampf, Flucht oder Erstarrung zu reagieren.

Das heißt auch, dass wir die ausgeschütteten Stresshormone nicht abbauen. Sie zirkulieren weiter und halten uns in Alarmbereitschaft, und das beruhigende parasympathische Nervensystem wird nicht aktiviert. Das führt zu einer ständigen und manchmal chronischen Übererregung des sympathischen Nervensystems, was Probleme nach sich ziehen kann wie Erschöpfung oder Müdigkeit, Schlafprobleme, Kopfschmerzen, Rückenschmerzen, Bluthochdruck, Ängste oder Panikattacken. Halten diese Beschwerden lange genug an, können sie chronische körperliche und psychische Krankheiten wie Geschwüre, Herzbeschwerden, Verdauungsprobleme und Depressionen verursachen.

Innerer und äußerer Stress können sich in einem Teufelskreis gegenseitig verstärken. Wenn Sie z.B. nicht schlafen können, sind Sie müde und ausgelaugt und Ihre Sorgengedanken über die Schlaflosigkeit erschweren das Schlafen noch mehr.

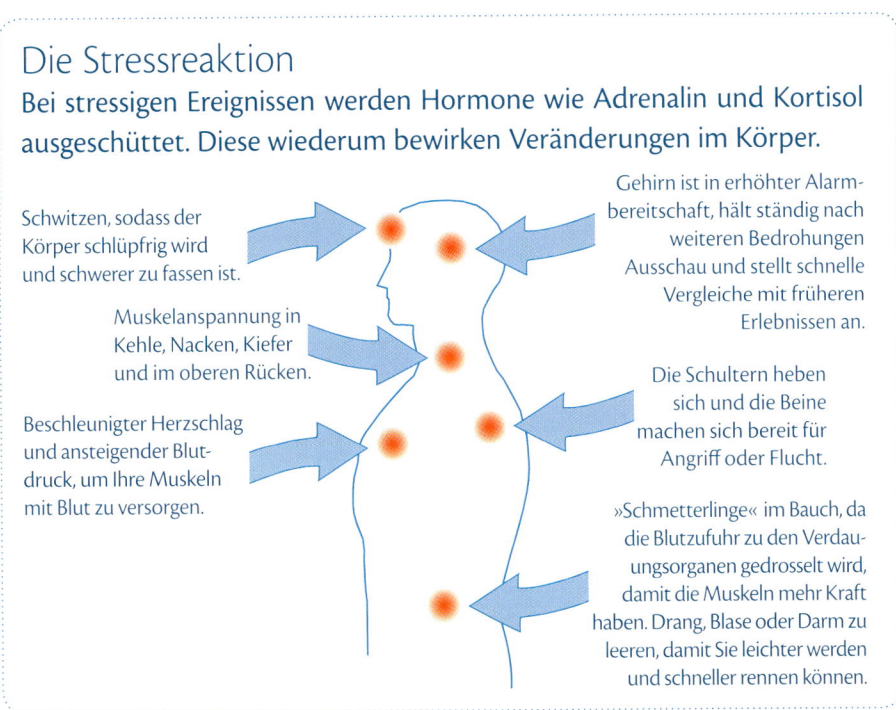

Je gestresster Sie sind, desto ängstlicher und unruhiger fühlen Sie sich körperlich, und das erschwert es Ihnen, sich zu beruhigen. Um solche Ängste nicht fühlen zu müssen, können Sie darauf bedacht sein, Situationen zu vermeiden, die sie auslösen.

Sorgengedanken können uns im Leben enorm viel Stress machen. Vielleicht ist es uns sogar zur Gewohnheit geworden, uns zu sorgen. Jede Kleinigkeit scheint besorgniserregend, und wir machen uns sogar Sorgen darüber, was alles passieren *könnte*. Das verbraucht sehr viel Energie und kann dazu führen, dass wir ständig auf Kampf- oder Fluchtmodus geschaltet sind.

- Erkennen Sie hier eigene gewohnte Umgangsweisen mit Stress wieder?
- Sehen Sie bei Ihren eigenen Stressreaktionen Kampf, Flucht oder Erstarrung?
- Setzen Sie das alles ein oder nur eins davon?
- Wie fühlen sich diese Reaktionen an?
- Wie wirkungsvoll ist Ihr Umgang mit Stress?

Vermeidung als Bewältigungsstrategie

Vermeidung entspricht der *Fluchtreaktion* und verdient besondere Beachtung, weil sie in unserer modernen Welt zur häufigsten Bewältigungsstrategie bei Angst und Stress geworden ist.

Es ist verständlich, dass wir stressige Situationen möglichst meiden und z.B. vor einem knurrenden Hund zurückweichen. Diese Strategie kann durchaus angemessen sein, wenn es um äußeren Stress und eine tatsächliche momentane Bedrohung geht.

Komplizierter werden die Dinge, wenn wir inneren Stress zu vermeiden suchen, wie er z.B. durch beunruhigende Erinnerungen und Sorgen oder körperliche Empfindungen wie Herzklopfen oder verspannte Muskeln aufsteigt. Selbst unsere eigene Angst kann uns Angst machen. Dabei verallgemeinern wir, sodass wir, wenn wir in einer bestimmten Situation Angst erlebt haben, befürchten, dass sich diese Reaktion jetzt *immer* einstellt.

Wir sind in Bezug auf unser Vermeidungsverhalten oft ziemlich kreativ! Die Ablenkungen nehmen viele verschiedene Formen an, wie der Versuch, schwierige Empfindungen zu *betäuben* (oft dienen Alkohol oder Drogen diesem Zweck). Wir sehen fern, um beruflichen Sorgen zu entkommen. Wir halten uns ständig beschäftigt, um zu unseren Gedanken auf Abstand zu gehen, und haben das Gefühl, dass uns das bei innerer Erregung und Unruhe hilft.

Bei manchen Angst auslösenden Aktivitäten (wie Fliegen) hat Vermeidung vielleicht keine größeren Auswirkungen auf Ihren Alltag, aber wenn Sie sämtliche öffentlichen Verkehrsmittel meiden müssen, weil Sie einmal im Bus Angst hatten, ist das schon störender. Dann kann die Vermeidung *möglicherweise* Angst auslösender Situationen Ihr Leben erheblich einschränken. In dem Maße, wie Sie versuchen, die Angst und ihre Auswirkungen nicht zu fühlen, kann Ihr Horizont immer enger werden. Vermeidung heißt, Sie unternehmen nichts, um das ganze Bild zu sehen, wie es in diesem Augenblick wirklich ist, oder um die Wurzeln Ihrer Angst zu erkennen und angemessen damit umzugehen.

Das zeigt, dass unsere vorprogrammierten Wege des Umgangs mit Stress, so natürlich und menschlich sie uns vorkommen mögen, in unserer heutigen Welt oft nicht wirklich angemessen sind. Häufig verstärken sie unseren Stress sogar. Tatsächlich schüren wir durch diese Lösungsversuche das »Feuer« unseres Stresses und unserer Ängste oft noch.

Stress ist
eine Reaktion auf
eine wahrgenommene
Bedrohung. Es ist nicht nur
die Situation, die uns stresst,
sondern wie wir sie sehen
und welche Haltung
wir dazu einnehmen.

Mit Stress umgehen

Bislang haben wir uns unsere natürlichen (aber nicht hilfreichen) Reaktionen auf stressige Situationen angeschaut. Vermutlich kennen Sie aber noch andere Möglichkeiten, wie Sie sich instinktiv helfen, wenn Sie gestresst sind.

Stellen Sie sich jetzt also eine andere Frage: »Was sind meine konstruktiven Umgangsweisen mit Stress? Welche hilfreichen Strategien habe ich entwickelt?« Vielleicht greifen Sie auf Folgendes zurück: Für Bewegung sorgen (laufen, schwimmen, Fußball spielen, tanzen), ein warmes Bad nehmen, sich massieren lassen, Yoga machen, Ihre Gefühle durch Musik, Kunst, Poesie oder Anlegen eines Gartens kreativ ausdrücken oder eine Freundin anrufen, um mit ihr eine stressige Situation zu besprechen. Doch auch wenn wir hilfreiche Wege kennen, zeigen sich die nicht hilfreichen Reaktionen vielleicht zuerst und üben einen starken Sog aus.

Die achtsame Antwort auf Stress

Achtsamkeit hilft, den Autopiloten abzuschalten und in den Seins-Modus umzuschalten, statt wie gewohnt zu reagieren. Wir wechseln den mentalen Gang, um ganz hier zu *sein*. Achtsamkeit praktizieren heißt wahrnehmen, wann unser Geist aus der Gegenwart wegwandert, und ihn dorthin zurückbringen, wo wir tatsächlich sind. Wenn unsere Aufmerksamkeit abschweift – was mit Sicherheit passiert –, nehmen wir *neugierig* wahr, wohin sie gewandert ist, und richten sie wieder auf den gegenwärtigen Moment. Wir lernen, das *geduldig und freundlich* zu tun, weil es menschlich ist, dass unser Geist abschweift.

Sie können in jedem Moment entscheiden, worauf Sie Ihren Fokus richten wollen. Das ist für Sie eine Chance, sich Körperempfindungen, ängstlichen Gefühlen und Gedanken zuzuwenden und zu sehen, wie diese zusammenspielen. Sie können beschließen innezuhalten und aus Ihren üblichen Reaktionen auszusteigen. Wenn Sie sich dem, was hier passiert, mit freundlicher Neugier zuwenden, gehen Sie darauf zu, statt es zu vermeiden. Die Atempause in drei Schritten (s. S. 70) kann Ihnen sehr dabei helfen.

Stressreaktion versus achtsamer Umgang

Auf der Straße läuft ein Hund auf Sie zu …

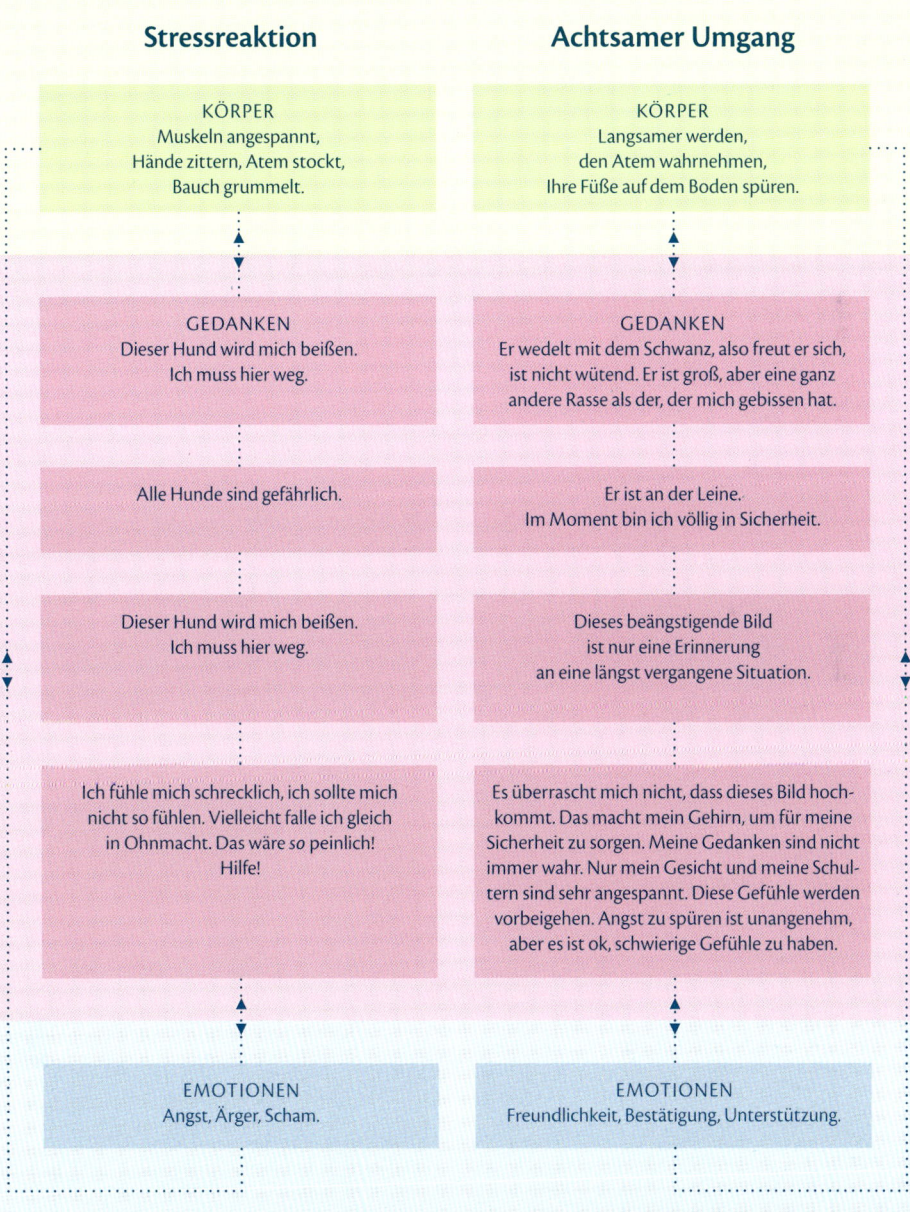

Im Körper sein

In der Achtsamkeitspraxis liegt die Betonung darauf, in Kontakt mit unserem Körper zu sein. Meistens denken wir über unsere Erfahrungen vor allem nach und beachten die Botschaften unseres Körpers kaum. Gesellschaft und Erziehungssystem fördern diese kognitive Verarbeitung. Unser Körper ist ein wunderbares Instrument. Er bildet genau ab, wie und wo wir Stress fühlen, sodass wir lernen können, klug darauf einzugehen.

Wenn Sie bemerken, dass Ihre Kiefer verspannt, Ihre Schultern hochgezogen und Ihre Hände verkrampft sind, werden Sie aufmerksam für die Spannungen in Ihrem Körper. Wenn Sie sich diesen körperlichen Zuständen zuwenden, können Sie auch die damit einhergehenden Gedanken oder Emotionen erforschen. Vielleicht sagen Ihnen die geballten Fäuste, dass der Streit, den Sie vor Kurzem hatten, in Ihnen noch weitertobt. Sie können in die Spannung hineinatmen und um sie herum loslassen. Dabei stellen Sie vielleicht fest, dass Sie auch die Gedanken und Emotionen loslassen können, an denen Sie unwillkürlich festgehalten haben.

Das Gleiche gilt, wenn Sie sich beängstigende Gedanken oder starke Emotionen bewusst machen. Sie können zum Körper zurückkehren, so wie er hier und jetzt ist. Ihr Körper ist immer in der Gegenwart, wenn Sie sich körperlichen Vorgängen zuwenden, hilft Ihnen das also, Ängste in Bezug auf Vergangenheit und Zukunft loszulassen.

Ihren Körper bewusster wahrnehmen heißt auch, Ihre Grenzen besser kennenlernen und respektieren. Sobald Sie gestresst sind, signalisiert Ihnen Ihr Körper, dass Sie müde oder angespannt werden. Durch Achtsamkeit lernen Sie, auf Ihren Körper zu hören und sich um sich selbst zu kümmern, bevor Ihr Körper Sie anschreit!

Den Kampf beenden

Wenn wir uns an Schwierigkeiten näher heranbegeben, sehen wir allmählich, dass genau das Wegdrängen unserer Probleme dazu führt, dass wir uns ständig anstrengen. Achtsamkeit heißt, wir geben den Kampf auf und erlauben den Dingen, einfach so zu sein, wie sie sind. Es gibt viele stressige Situationen, an denen wir nichts ändern können, aber wir können aufhören, uns davon stressen zu lassen. Marias Geschichte ist dafür ein gutes Beispiel.

MARIA machte einen Achtsamkeitskurs, weil sie eine chronische, fortschreitende Krankheit hatte. Alle Übungen fielen ihr wirklich schwer: Sie kämpfte mit dem Bodyscan, weil sie Schmerzen hatte und unruhig war; mit den Körperübungen, weil ihr dabei klar wurde, was sie körperlich nicht mehr konnte, und mit der Sitzmeditation, weil sie dabei immer nur daran denken musste, wie schrecklich ihr Leben geworden war. Es war mutig von ihr, überhaupt weiter zum Kurs zu kommen.

Dann, nach der Hälfte des Kurses, sah sie eines Tages verändert aus. Selbst erstaunt, erzählte sie der Gruppe, ihr ständiger Kampf mit den Übungen habe ihr eine plötzliche Erkenntnis gebracht: Sie kämpfte, weil *sie versuchte, ein Leben zu leben, das sie nicht mehr hatte.* Das half ihr zu sehen, wie sie den mit ihrer Situation verbundenen Stress verstärkte, wenn sie die Veränderungen nicht akzeptierte, die die Krankheit mit sich brachte. Jetzt begann sie, neue Wege für ihr Leben – so, wie es jetzt war – in Betracht zu ziehen. Auch wenn sie bestimmte Dinge nicht mehr tun konnte, machte ihr manches, was sie noch konnte, viel Freude, wie einfach still in ihrem Garten zu sitzen. Dort in ihrem Garten fühlte sie sich im gegenwärtigen Moment ruhig und friedlich und konnte die Blumen, das Sonnenlicht und die Vögel genießen.

Beschließen, unseren Gedanken nicht zu glauben

Bei schwierigen Herausforderungen im Leben verwickeln wir uns oft in Erinnerungen an frühere Ereignisse und in Sorgen um die Zukunft. Ständig geht uns dann durch den Kopf, was falsch laufen könnte, und oft stellen wir uns den schlimmstmöglichen Fall vor.

Wenn wir uns auf dem Weg zur Arbeit verspäten, kann ein Gedanke den anderen ergeben, wie: Ich hätte früher losfahren können … Ich hätte früher losfahren sollen … Ich hätte wissen sollen, dass freitags immer Stau ist … Ich werde zu spät zu dem wichtigen Treffen kommen … Mein Chef wird stinksauer sein! … Vielleicht verliere ich sogar meinen Job! … Bei der Wirtschaftslage bekomme ich nie eine neue Stelle … Wer zahlt dann die Rechnungen? Ich werde meine Wohnung verlieren!

Achtsam sein heißt,
wir geben den Widerstand
auf und erlauben
den Dingen einfach so
zu sein, wie sie tatsächlich
gerade sind.

Nichts davon passiert in diesem Augenblick tatsächlich – und das meiste wird auch definitiv nicht passieren! Aber allein so zu denken und die Gedanken zu glauben, kann so viel Ängste erzeugen, als fände das alles jetzt *wirklich* statt.

Die Vergangenheit ist vorbei und die Zukunft noch nicht da. Der gegenwärtige Moment ist oft viel simpler – einfach das, was in Ihrem Körper, Ihren Gedanken, Ihren Emotionen und Ihrer Welt *genau jetzt* passiert. Sie müssen sich von dem Drama, das Ihre Gedanken heraufbeschwören, nicht packen lassen – Sie können jederzeit aussteigen.

Achtsamkeit hilft uns, uns diese inneren Abläufe bewusst zu machen und einen Schritt zurückzutreten, um von einem ruhigeren Ort aus eine umfassendere Perspektive einzunehmen. Wir lernen allmählich erkennen, wie oft wir uns eine »Geschichte« erzählen, die nicht unbedingt wahr ist. Wenn wir zurücktreten oder *de-zentrieren*, können wir klarer sehen, was unsere Gedanken uns über uns und unser Leben einreden wollen. Wir sehen die Situationen und die Wahlmöglichkeiten, die wir haben.

Die Macht der Entscheidung

Die Vorstellung, in den gegenwärtigen Moment zurückzukommen und mit Ihrer Erfahrung so zu sein, wie sie ist (statt so, wie Sie es gern hätten), kann nach Passivität und Resignation klingen, aber das ist mit Achtsamkeit keinesfalls gemeint. Wenn Sie mit Achtsamkeit an Ihr Problem herangehen, können Sie sogar geschickter handeln, sollte Handeln notwendig werden.

So können Sie z.B. in einer schwierigen oder fordernden Situation beschließen, als Erstes den Autopiloten abzuschalten und zum Seins-Modus überzugehen. Vielleicht tun Sie das mithilfe der Atempause in drei Schritten (s. S. 70). So gefestigt, können Sie sich fragen: »Was wäre jetzt der nächste kluge Schritt?« An diesem *Entscheidungspunkt* können Sie bewusst zwischen Stressreaktion oder achtsamem Umgang mit Stress entscheiden. Vielleicht ist Ihnen nach dem Dreierschritt bewusst, dass Sie nicht weiter aktiv werden müssen. Andernfalls, ist das ein guter Zeitpunkt, um direkt darauf einzugehen, wie Sie sich gerade fühlen.

Ihren Umgang mit der Situation wählen
In stressigen Situationen können Sie entscheiden, wie Sie sich verhalten wollen. Es kommt nicht darauf an, welche der folgenden Optionen Sie wählen. Wichtig ist, dass Sie durch diese Entscheidung anfangen, in solchen Situationen gut für sich zu sorgen.

- Vielleicht wählen Sie eine der »hilfreichen« Umgangsweisen, die Sie bereits als solche erkannt haben, wie Sport oder mit einer Freundin reden.
- Sie können sich selbst inmitten Ihrer Besorgnis Freundlichkeit und Bestätigung schenken, um sich zu beruhigen.
- Oder Sie tun Dinge, die Ihnen das Gefühl geben, etwas geschafft zu haben oder die auf andere Art befriedigend sind, wie eine Schublade aufräumen oder überfällige Mails beantworten.
- Sie können beschließen, einfach achtsam zum nächsten Schritt überzugehen und sich bewusst zu sein, was Sie tun: achtsam den Flur entlang gehen, achtsam einen Anruf entgegennehmen. Hier sein.

Lernen, sich um sich selbst zu kümmern

Achtsamkeit praktizieren kann heißen, freundlich mit sich selbst umzugehen. Wenn Sie Ihre automatischen Stressmuster kennenlernen und sich ihnen achtsam zuwenden, werden sie weniger bedrohlich. Sie werden zu alten Freunden, die man kennt und versteht.

Weil Sie wacher werden für die Anzeichen von Stress, bekommen Sie diese früher mit und entdecken so mit der Zeit, was in welcher Situation hilft. Mit solchen Strategien können Sie Ihren Handlungsspielraum oder Ihre Werkzeugkiste Schritt für Schritt erweitern. Sie können beschließen, auf sich selbst zu achten.

Suzanne Kobasa fand in ihrer Arbeit über »Widerstandskraft gegen Stress« heraus, dass das Maß an Kontrolle, das wir über den Stress in unserem Leben haben, ein Schlüsselaspekt für unsere Stressresilienz ist. Es kann wirklich hilfreich sein zu wissen, dass wir die Fähigkeit und die Wahl haben, mit den Herausforderungen des Lebens, wie auch immer sie aussehen, klug umzugehen.

06.

Achtsamkeit in Beziehungen

von Eluned Gold

Durch Achtsamkeit können wir uns dafür entscheiden, uns auf Kontakt, Verständnis und Liebe auszurichten.

Verbindung durch Achtsamkeit

Beziehungen – familiäre, freundschaftliche oder berufliche – gehören zu den Lebenserfahrungen, die uns immer wieder vor Herausforderungen stellen; und doch sind sie für die meisten von uns einer der wichtigsten Aspekte unseres Lebens.

Menschen sind biologisch dafür geschaffen, mit ihren Mitwesen Verbindungen einzugehen. Bestimmte Abläufe im Gehirn und im Körper zielen darauf ab, tiefe Bindungen mit anderen herzustellen und aufrechtzuerhalten. Und das nicht nur mit den Menschen, denen wir nahe sind, sondern selbst mit Unbekannten. Wir sind für das Zusammensein mit anderen geschaffen. Der folgende Bericht macht diese angeborenen Bindungsfähigkeiten deutlich.

> CHRISTINA fuhr mit dem Zug nach Hause. Die Reise war bislang frustrierend gewesen. Als sie das Abteil betrat und sich setzte, bemerkte sie, dass ihr eine Familie gegenübersaß: ein Paar mit einem etwa einjährigen Baby, das auf dem Schoß seines Vaters saß. Das Baby fing Christinas Blick auf und lächelte sie mit großer Offenheit an, wie viele Babys in diesem Alter es tun. Christina erwiderte das Lächeln, während sie Platz nahm, und schaute sich dann im Abteil um. Das Baby hielt an ihrem Blick fest und schenkte ihr ein breites, unwiderstehliches Grinsen. Christina musste zurückgrinsen und spürte dabei, wie sie sich körperlich entspannte und öffnete und die ganze bisherige Anspannung von ihr abfiel. Sie stellte fest, dass sie in diesem Augenblick glücklich war. Sie schaute die Eltern des Babys an, und alle lächelten sich an.
>
> Nachdem das Baby Christina erreicht hatte, wandte es sich einer anderen Person im Abteil zu und verhielt sich ihr gegenüber genauso. Auch diese Person blickte Vater, Mutter und dann Christina an, und alle lächelten. Dieses kleine Kind fuhr fort, seinen Zauber zu verbreiten, bis alle im Abteil miteinander verbunden waren. Niemand hatte ein Wort gesagt, und doch hatten alle Reisenden eine klares Gefühl von Verbundenheit.

Einfühlung und Resonanz

Als Spezies haben wir uns zu immer komplexeren Geschöpfen entwickelt und brauchen sehr lange – 21 Jahre und mehr –, um zu Reife und Selbständigkeit zu gelangen. In dieser Zeit verlassen wir uns darauf, dass uns die Erwachsenen um uns herum beschützen und versorgen. Unser Überleben hängt davon ab, dass wir imstande sind, enge Beziehungen zu unseren Mitmenschen herzustellen, sodass diese sich um uns kümmern.

Natürlich sind unsere Beziehungen weit mehr als reine Überlebensstrategie, aber hier liegen die *biologischen* Wurzeln unserer Bindungsfähigkeit. Das Baby im Zug zeigte diese Fähigkeit ganz deutlich – indem es lächelnd Augenkontakt aufnahm, lud es die Menschen ein, sich ihm zuzuwenden. Alle Menschen im Abteil erwiderten diesen Wunsch nach Kontakt, sodass schließlich zwischen ihnen allen Verbundenheit entstand. Eine mögliche Sicht wäre, dass das Baby bei allen Anwesenden den angeborenen Wunsch nach Kontakt auslöste. Das war deshalb möglich, weil wir als Menschen *biologisch* so angelegt sind, auf Einladungen zum Kontakt einzugehen, und auch selbst imstande sind, unseren Wunsch nach Kontakt zu signalisieren.

Wir alle treten auf einzigartige Weise miteinander in Kontakt. Unsere individuelle Art, Beziehungen einzugehen, beruht auf einer Mischung aus genetischem Erbe, angelerntem Verhalten, den Einstellungen unserer Eltern und Bezugspersonen sowie den Erfahrungen, die wir unser Leben lang machen, vor allem in Kindheit und Jugend.

Unser Gefühl dafür, wer wir sind und wie wir mit anderen Beziehungen eingehen, entwickelt sich in dem Maße, wie die Menschen, die uns in unseren ersten Jahren begleiten, sich auf uns einstimmen und uns helfen, in uns und unseren Erfahrungen einen Sinn zu finden. Eine wichtige, wenn auch nicht unbedingt geläufige Erfahrung ist, dass wir uns von anderen so verstanden fühlen, wie wir wirklich sind (»Resonanz«). Frühe Erfahrungen mit Resonanz bilden die Basis von Liebesbeziehungen und anderen Beziehungen in unserem Leben.

Einfühlung und die damit verbundene Erfahrung von Resonanz ist ein wechselseitiger Prozess. Als Babys erleben wir diese Einfühlung nicht passiv, sondern laden die Erwachsenen in unserem Leben aktiv dazu ein und wirken daran mit, sie aufrechtzuerhalten – wie das Baby im Zug. Wir beteiligen uns von klein auf und lebenslang aktiv daran, Beziehungen nach bestimmten Mustern zu gestalten.

Unsere ersten Beziehungen bilden die Grundlage für eine »Landkarte«, an der wir uns beim Heranwachsen orientieren. So wie sich unser Sprachvermögen entwickelt, weil die Menschen um uns herum mit uns reden (sodass wir die Sprache unserer Familie und unserer Kultur lernen), lernen wir auch Beziehungen durch das Zusammensein mit unseren Eltern und anderen Bezugspersonen zu gestalten – wir erleben, wie andere uns ermutigen, uns auf sie zu beziehen, und wie sie auf unsere Bedürfnisse eingehen. Und wir lernen schnell, welche offenen und unausgesprochenen »Beziehungsregeln« in unserer Familie oder Gemeinschaft gelten.

Empathie
Empathie ist die Fähigkeit, den inneren Zustand einer anderen Person zu spüren. Dieser wichtige Aspekt menschlicher Beziehungen ist bis zu einem gewissen Grad abhängig von unseren frühen Erfahrungen. Das Mitfühlen mit anderen ist jedoch ein komplexer Prozess, der sich durch zahlreiche Erfahrungen unser Leben lang weiterentwickelt. Neurowissenschaftler entdecken momentan, dass Achtsamkeitspraxis offenbar unsere Fähigkeit, Empathie zu empfinden und zu äußern, fördert.

Sobald wir Zeuge der Emotionen einer anderen Person werden, erleben wir ähnliche Emotionen – vor allem, wenn dieser Mensch uns nahe ist. Wenn unser Partner, unsere Kinder, Freundinnen oder Kollegen uns ihre Erfahrungen beschreiben, können wir mitfühlend reagieren. Zum Beispiel können wir uns, wenn wir jemanden einen üblen Sturz schildern hören, bei dem er sich verletzt hat, in seine Lage versetzen und vorübergehend seinen Schmerz empfinden (vielleicht rufen wir sogar: »Autsch!«). Das kann auch passieren, wenn uns jemand seine Traurigkeit über den Verlust eines lieben Menschen beschreibt. Wir können seine emotionale Erfahrung mitfühlen, und das gilt auch für Freude, Aufregung oder Glück. Tatsächlich kann das ganze Spektrum der Emotionen für uns ansteckend sein.

Achtsamkeit in unsere Beziehungen einbringen

Unsere menschliche Entwicklung orientiert sich weitgehend an engen Beziehungen. Daher können wir uns fragen, warum Beziehungen in unserem Leben so oft eine Quelle von großen Schwierigkeiten und Sorgen sind.

Unsere Gewohnheiten, Denkmuster, Emotionen und Reaktionsweisen zeigen sich in Beziehungen meistens am deutlichsten. Viele dieser Muster bleiben in unserem Leben unhinterfragt. Mit anderen Worten, sie sind zu automatischen Gedanken, Gefühlen und Verhaltensweisen geworden. Aus diesem Grund halten wir als Erwachsene oft an hinderlichen Beziehungsstrategien fest, und sie kommen uns im Alltag gar nicht zu Bewusstsein.

Wie wir in Teil I dieses Buches entdeckt haben, ist Achtsamkeit ein Weg, uns automatische Muster bewusst zu machen. Das klingt wunderbar einfach – und ist es in vieler Hinsicht auch –, aber einfach heißt nicht unbedingt leicht (wie Sie vielleicht beim Ausprobieren der bisherigen Übungen bereits entdeckt haben).

Vielleicht stecken wir sehr in unseren automatischen Verhaltensweisen und Lebenseinstellungen fest. Außerdem haben sich die Menschen in unserem Leben – Partner, Freunde, Familienangehörige und Arbeitskollegen – daran gewöhnt, wie wir sind. Vielleicht beharren sie ebenfalls darauf, dass wir so bleiben, damit wir *ihre* Verhaltensmuster und Sichtweisen nicht infrage stellen.

In jeder Beziehung prallen unterschiedliche Beziehungsstile und Lebenseinstellungen aufeinander. Manchmal warten beide Seiten darauf, dass der oder die andere die eigene Sicht der Situation übernimmt. Wir müssen jedoch nicht auf andere warten, damit sich diese Muster verändern. Wir können etwas dafür tun.

Neun-Sterne-Puzzle
Hier ein Muster-Puzzle, das Sie einmal ausprobieren können.
Nehmen Sie einen Stift und versuchen Sie, die neun Sterne mit nur vier Linien zu verbinden, ohne den Stift abzusetzen.
(Die Lösung finden Sie auf S. 184.)

Wie kamen Sie zurecht mit dem Puzzle?
Manchmal müssen wir unsere Betrachtungsweise ändern, um zu sehen, wie Dinge zusammenhängen. Vielleicht klammern wir uns an eine bestimmte Sicht, und es fällt uns schwer, die Dinge aus einer anderen Perspektive zu betrachten, aus unseren Spurrillen auszusteigen und das Gesamtmuster zu sehen.

Unsere eigenen Muster entdecken
Am Anfang von Teil II dieses Buches haben wir uns übliche Wege angeschaut, mit Schwierigkeiten im Leben umzugehen (s. S. 74–79). Solche Gewohnheiten können sich auch in unseren Beziehungen zeigen. Oft haben wir bestimmte Strategien entwickelt, um wirkliche Nähe zu vermeiden. Viele von uns sind in ihrem Leben in engen Beziehungen verletzt worden und aus diesem Grund verständlicherweise vorsichtig, was Nähe zu anderen Menschen angeht.

Haben Sie das Gefühl, dass es Sie immer wieder aus der Bahn wirft, wenn in Ihren Beziehungen etwas schiefgeht? Wer sich unsicher fühlt, greift oft auf gewohnte, aber hinderliche Verhaltensstrategien zurück. Folgende Gewohnheiten können Nähe verhindern:

- Vielleicht unternehmen Sie alles Mögliche, um Konflikte zu vermeiden, und tun so, als gäbe es keine Probleme.
- Versuchen Sie, Dinge geradezubiegen oder in den Griff zu bekommen, ohne Ihrem Gegenüber zu sagen, dass es Probleme gibt, sind insgeheim aber ärgerlich und aufgebracht?
- Vielleicht fühlen Sie sich am sichersten, wenn Sie die Kontrolle haben, und reagieren aggressiv auf Menschen, mit denen Sie Konflikte haben. Ihr automatisches Muster ist, sich in Beziehungen als Gewinner oder Verlierer zu erleben, und es fällt Ihnen schwer, mit anderen zu kooperieren oder ihren Standpunkt einzunehmen.

Oft können wir unsere Beziehungen einfach nicht klar sehen. Vielleicht tauschen wir uns mit den Menschen in unserem Leben nicht offen über unsere Beziehung zu ihnen aus und gehen von Vermutungen aus, ohne diese real zu überprüfen. Vielleicht glauben wir, dass andere so denken wie wir, oder meinen, ein Recht darauf zu haben, dass unser Partner unsere Bedürfnisse erfüllt. Durch achtsames Gewahrsein für Körperempfindungen, Emotionen und Gedanken beginnen wir, unsere individuellen Muster zu erkennen.

Ihre Beziehungsmuster aufschreiben
Es kann sehr hilfreich sein, einmal eine Woche lang schwierige Begegnungen mit anderen zu notieren.

- Was war für Sie das erste Signal dafür, dass Sie diese Begegnung schwierig fanden?
- Was ist Ihnen dabei körperlich, emotional und gedanklich aufgefallen?
- Erkennen Sie hier ein Muster?
- Hat sich etwas geändert, als Ihnen die Schwierigkeit bewusst wurde?
- Fallen Ihnen rückblickend noch frühere Signale für diesen schwierigen Austausch auf, die Ihnen damals entgangen sind?
- Wie lange wirkte diese schwierige Begegnung für Sie nach?

Wenn Sie das einmal schriftlich festhalten, können Sie sehen, dass stressige Begegnungen eine ganze Reihe von Gedanken und Emotionen auslösen. Diese halten oft noch lange nach der aktuellen Begegnung an und schüren den Konflikt und das Gefühl von Ungerechtigkeit.

Mithilfe der freundlichen Neugier, die wir in unserer Achtsamkeitspraxis entwickeln, können wir lernen, auch hier das »Gesamtmuster« zu sehen, uns unsere Rolle und die des anderen freundlich vor Augen halten und wirklich mutig hinschauen und verstehen. Wenn wir dieses *nicht urteilende Gewahrsein* entwickeln, verändern sich unsere Beziehungsmuster möglicherweise allein dadurch – ohne, dass wir etwas *tun* müssen.

Tanzen lernen
Bei den Aikidoübungen in unseren Achtsamkeitskursen (s. S. 78) erleben Menschen unter anderem, dass sie Kontakt aufnehmen müssen, um »tanzen« zu können! Das scheint selbstverständlich, doch viele von uns versuchen in ihrem Leben zu »tanzen«, ohne dass sie bereit sind, der anderen Person wirklich nahe zu kommen und sie so zu sehen, wie sie eigentlich ist. Oft sind wir noch nicht einmal bereit, *uns selbst* als den Menschen zu sehen, der wir wirklich sind. Uns und anderen freundlich und ohne Urteile zu begegnen und uns nach bestem Vermögen dafür öffnen, wer wir und sie wirklich sind, kann der erste Tanzschritt sein.

Zuerst auf uns selbst achten
Wenn wir gestresst sind, werden oft auch unsere Beziehungen schwieriger. Uns dem eigenen Stress zuzuwenden (s. S. 98–113) kann der erste Schritt zu guten Begegnungen sein. Sind Sie selbst nicht ausgeglichen und stabil, verhalten Sie sich meistens auch nicht konstruktiv. Wird dann z.B. jemand wütend auf Sie, reagieren Sie automatisch und schreien zurück oder geben nach, statt sich der Situation wirklich zu stellen. Hilfreicher ist, zuerst auf sich selbst zu achten, sich gewahr zu werden, wie Sie die Beziehung erleben, und sich Zeit zu nehmen, um das Gesamtmuster zu sehen. Das heißt nicht, dass Sie »perfekt« sein und alle Gewohnheiten »überwinden« müssen. Vielmehr geht es um eine freundliche Haltung sich selbst und der schwierigen Situation gegenüber. Entwickeln Sie Offenheit für alles, was Sie bei dieser Forschungsreise und beim »Tanzenlernen« entdecken können.

Durch nicht urteilendes Gewahrsein können sich unsere Beziehungsmuster verändern.

Sich stabilisieren

Wenn Sie bemerken, dass Sie den Kontakt mit jemandem fürchten (wenn Ihnen z.B. ein schwieriges Gespräch bevorsteht, Sie bereits früher Schwierigkeiten mit diesem Menschen hatten oder es Ihnen einfach schwerfällt, Nähe zuzulassen), können Sie manches tun, um sich zu stabilisieren.

- Versuchen Sie es mit der »Atempause in drei Schritten« (s. S. 70), wenn Sie überlegen, wie Sie mit einem anderen Menschen oder einer Situation umgehen sollen.
- Machen Sie eine kurze Atemmeditation (s. S. 57). Wenn Sie ruhiger sind, vergegenwärtigen Sie sich innerlich diese Person und die Situation. Als Nächstes öffnen Sie Ihr Gewahrsein für das Gesamtbild – das Muster, an dem Sie beide beteiligt sind. Begegnen Sie dabei sich selbst, der anderen Person und der Situation insgesamt so gut es geht mit freundlicher Neugier.
- Bei der tatsächlich Begegnung können Sie sich auf die eigenen Körperempfindungen konzentrieren – vor allem den Atem oder den Kontakt Ihrer Füße zum Boden –, statt Ihre ganze Aufmerksamkeit auf die andere Person zu richten.

Kommunikative Fähigkeiten

Auch wenn wir anderen Menschen wirklich zuhören und helfen wollen, sind wir mit unseren Gedanken oft anderswo und überlegen z.B., was wir noch alles erledigen müssen oder was wir an Stelle des anderen tun würden, etc. Einfach *zuzuhören* und wach für die andere Person und ihre Worte zu bleiben, ist erstaunlich schwer.

Achtsames Gewahrsein hilft Ihnen, bei der Situation hier und jetzt zu bleiben, und das heißt: *Im Augenblick bin ich mit dieser Person zusammen und höre ihr zu.*

Vielleicht möchten Sie einmal mit einem Partner oder einer Freundin die Übung »Achtsam zuhören« ausprobieren, um zu erleben, wie es ist, beim Zuhören – und beim Gehörtwerden – ganz gewahr zu sein.

Übung: Achtsam zuhören

Wechseln Sie sich beim Sprechen und Zuhören ab (maximal fünf Minuten jeder), und halten Sie sich an die Zeiten, indem Sie eine Eieruhr oder Stoppuhr benutzen.

1 Kommen Sie, bevor Sie anfangen, zur Ruhe und erden Sie sich, indem Sie sich ein paar Momente auf den Atem ausrichten.

2 Als Zuhörer hören Sie einfach zu, ohne zu kommentieren, zu antworten oder ein Gespräch anzufangen. Sie können durch Augenkontakt oder andere nonverbale Signale zeigen, dass Sie aufmerksam sind. Achten Sie auf Ihre eigenen Körperempfindungen, Gedanken und Emotionen – vor allem Ihre Impulse, selbst das Wort zu ergreifen, und darauf, wann Sie innerlich abschweifen.

3 Der Sprechende hört auf, wenn die Zeit um ist. Der Zuhörer sagt dem Sprechenden, was er beim achtsamen Zuhören gehört und verstanden hat. Das Feedback kann sich auf das beziehen, was Sie gesehen oder was Sie gehört haben.

4 Nachdem Sie ein paar Momente achtsam geatmet haben, wechseln Sie die Rollen.

5 Fragen Sie sich, nachdem Sie beide gesprochen und zugehört haben:
- Wie war es, gehört zu werden, ohne Sorge zu haben, dass ich unterbrochen werde oder mich rechtfertigen muss?
- Für den Zuhörer: Wie war es, einfach zuzuhören und der anderen Person Ihre ganze Aufmerksamkeit zu schenken?
- Gab es beim Feedback Überraschungen?
- Hat Ihr Zuhörer durch Ihre Körpersprache, Ihren Gesichtsausdruck oder den Tonfall Ihrer Stimme etwas über Sie erfahren?

Als Zuhörer haben Sie vielleicht überlegt, was der Sprecher hätte tun können oder was Sie an seiner Stelle getan hätten. Wenn wir nicht ganz aufmerksam zuhören, können wir verleitet sein zu denken, wir wüssten, wie die andere Person ihr Problem lösen kann, oder fangen sogar selbst an, es zu lösen. Wir versuchen nicht länger, sie zu verstehen, sondern verhalten uns automatisch, als seien wir in ihrer Position.

Wessen Problem ist es?

Wenn wir mit Problemen konfrontiert sind, möchten wir, dass es uns und der anderen Person besser geht. Wir können in typische Reaktionen verfallen, um ihr Problem zu lösen und/oder ihr zu helfen, Schwierigkeiten zu umgehen. Wir verwickeln uns in *eigene Gedanken* und ignorieren dabei *ihre Gefühle*. In diesem Fall fühlt sich die andere Person schnell verurteilt, vor allem, wenn sie sich bereits selbst kritisiert. Wenn wir uns Zeit nehmen zuzuhören und bereit sind, uns der Schwierigkeit des anderen zuzuwenden, vermitteln wir ihm die Botschaft, dass wir Zeit für ihn haben und bereit sind, mit ihm und seinen Schwierigkeiten präsent zu sein, wie immer sie aussehen mögen. Auf diese Weise können wir mitfühlender sein. Das heißt nicht, dass wir mit dem anderen übereinstimmen müssen, zeigt aber unsere Bereitschaft, seinen Standpunkt zu verstehen.

Julia kam eines Tages beschämt und besorgt von der Arbeit, da ihr Chef sie auf einen von ihr zu verantwortenden Fehler aufmerksam gemacht hatte. Als sie in Tränen aufgelöst zur Tür hereinkam, regte sich ihr Mann Peter stellvertretend für sie auf und machte sich sofort auf die Suche nach Lösungen für ihren Fehler. Julia war an dem Punkt nicht imstande, klar zu denken – sie war immer noch gepackt von heftigen Emotionen.

»Die Atempause in drei Schritten« (s. S. 70) half beiden zu begreifen, was da vor sich ging. Peter konnte sich jetzt mit seinen Lösungsversuchen zurückhalten. Julia konnte sich trotz immer noch intensiver Gefühle erden und beruhigen. Sie fühlten sich miteinander verbunden. Peter konnte zuhören, als Julia ihm ihre Gefühle schilderte, und das half Julia zu begreifen, dass Fehler unvermeidlich sind, und ihre Situation freundlich und verständnisvoll zu betrachten.

Achtsam reden

Gute Kommunikation bedeutet nicht nur, zuzuhören und den Standpunkt des anderen zu beachten. Manchmal müssen wir auch eigene Meinungen, Bedürfnisse und Wünsche äußern. Das kann besonders schwierig sein, wenn wir mit jemandem Streit haben oder ihm sagen wollen, wie ärgerlich und wenig hilfreich sein Verhalten war.

Hier ein paar Vorschläge für achtsames Reden:
- Lassen Sie sich Zeit, um zu überlegen, was Sie sagen wollen, und auf die Situation wirklich *eingehen* zu können, statt lediglich zu *reagieren*.
- Sagen Sie, wie Sie die Situation erlebt haben, statt das Verhalten der anderen Person zu bemängeln.
- Konzentrieren Sie sich während des Gesprächs auf Ihre Körperempfindungen.
- Folgende »Formel« kann Ihnen helfen, sich nicht in Vorwürfe und Anschuldigungen zu verwickeln: »Wenn du A tust, fühle ich B und hätte gern, dass du stattdessen C tust.«

Bist du der, für den ich dich halte?

Wenn wir einen Menschen kennenlernen, beurteilen wir ihn oft sehr schnell und machen uns ein Bild. Nur selten revidieren wir diesen ersten Eindruck, vor allem, wenn er generell zu stimmen scheint.

Unser Geist sucht nach Mustern: Lernen wir jemanden kennen, versuchen wir sie oder ihn in das Modell zu pressen, das in unserem Denken bereits existiert. So kann uns z.B. jemand an eine Person aus unserer Vergangenheit erinnern – unsere Eltern oder eine Lehrerin. War diese frühere Beziehung negativ oder belastend, fällt sie uns schneller ein. Diese Vergleiche stellen wir sogar mit Menschen an, die wir schon lange kennen.

Wenn eine Beziehung schwierig wird, neigen wir noch stärker dazu, auf frühere negative Vermutungen und vorgefertigte Bilder von dieser Person zurückzugreifen, und werden entsprechend unzufrieden mit ihr. Dabei stellen wir oft fest, dass wir unser Gegenüber anders haben wollen. Achtsamkeit hilft uns, uns zu erinnern, dass wir eine *Wahl* haben, worauf wir unseren Fokus richten. Wir können uns auf das Unbefriedigende an der anderen Person *oder* auf Kontakt, Verständnis und Liebe ausrichten. Wir bestärken das, worauf wir uns ausrichten.

Ohne diese alten Gewohnheiten und Mutmaßungen über uns und die Menschen in unserem Leben können wir offen sein für die augenblickliche Beziehung zu der Person mit all ihren schönen und schwierigen Seiten. Durch achtsames Gewahrsein können wir uns selbst und andere klar sehen – statt durch viele »Filter« oder Nebelschichten.

07.
Achtsamkeit mit Kindern

von Eluned Gold

Wenn wir unseren
Kindern beibringen,
Schwierigkeiten
mit Freundlichkeit
zu begegnen,
machen wir ihnen
ein liebevolles Geschenk.

Erste Schritte

Dieses Kapitel heißt »Achtsamkeit mit Kindern« und nicht »Achtsamkeit für Kinder«, weil der beste Weg, Kindern Achtsamkeit zu vermitteln, darin besteht, achtsam mit ihnen zu sein. Wir wissen, dass Kinder von den Menschen, die sie betreuen, am meisten lernen und sich durch Beobachten und Nachahmen sehr viel mehr einprägen, als wenn wir ihnen sagen, was sie tun sollen.

Kinder sind auf natürliche Weise achtsam und oft spontan in Berührung mit nicht urteilenden Gefühlen wie Staunen, Neugier und Freude über die Welt. Wie wir wissen, lernen wir Achtsamkeit eher durch eigenes Erleben als dadurch, dass man uns etwas darüber erzählt. Wenn Sie also Ihre eigene Achtsamkeitspraxis entwickeln und in das tägliche Zusammensein mit Ihren Kindern einbringen, übernehmen sie diese achtsame Haltung. Natürlich können wir das vertiefen, indem wir Kindern ganz bestimmte Formen von Achtsamkeit beibringen und sie einladen, sich an entsprechenden Aktivitäten zu beteiligen.

Durch die Forschung wissen wir, dass sich die Struktur unseres Gehirns durch unsere Erfahrungen entwickelt. Diese Entwicklung passiert in der frühen Kindheit und Jugendzeit sehr schnell, sodass die Erfahrungen, die wir hier machen, unser Gehirn tatsächlich formen. Es ist wichtig, das im Auge zu behalten. Natürlich wollen wir unsere Kinder beschützen und zu freundlichen, selbständigen und mitfühlenden Individuen erziehen. Wir wissen jedoch auch, dass das Leben von Zeit zu Zeit schwer und sogar schmerzlich sein kann, und wenn wir unseren Kindern beibringen, Schwierigkeiten mit Freundlichkeit zu überwinden, machen wir ihnen ein liebevolles Geschenk.

Am besten lernen sie das durch die Haltung und das Verhalten der Erwachsenen um sie herum. Wenn wir selbst achtsam gewahr sind, können wir uns besser in unsere Kinder einfühlen und ihnen helfen, sich einen Reim auf ihr inneres Erleben, ihre Beziehung zu anderen und zur Welt generell zu machen. Die »Einfühlung« der Eltern oder anderer Bezugspersonen kann die Entwicklung des kindlichen Gehirns beeinflussen.

Es ist nie zu früh

Wann und wie können wir unsere Kinder mit Achtsamkeit bekannt machen? In gewisser Weise ist es nie zu früh – es gibt Achtsamkeitsprogramme für Eltern, die sich auf die Geburt vorbereiten, und wenn Ihr Baby erst einmal da ist, gibt es viele Gelegenheiten, Achtsamkeit zu praktizieren – z.B. beim achtsamen Baden oder achtsamen Gehen, wenn Sie Ihr weinendes Baby nachts herumtragen.

Wenn Babys zu Kindern heranwachsen, ist nicht immer klar, ob sie von ihrer Entwicklung her bereit sind, entsprechende Praktiken zu lernen. Wichtig ist, sich bei der Frage nach der Bereitschaft des Kindes von ihm und Ihrer eigenen Intuition leiten zu lassen. Wir müssen auch klären, ob wir dabei eigene Ziele im Kopf haben – z.B. weil wir uns hilflos fühlen, wenn unser Kind Kummer hat. In solchen Situationen ist es wirklich wichtig, sich von dem leiten zu lassen, was das Kind tatsächlich unterstützen kann.

Wir können Kindern den Grundgedanken von Achtsamkeit anhand einer »Schneekugel« erklären. Wenn wir aufgewühlt sind und nicht klar denken können, gleicht unser Geist einer geschüttelten Schneekugel, in der die Figuren nicht sichtbar sind. Warten wir ruhig ab und konzentrieren uns ein paar Atemzüge auf den Atem, setzt sich der »Schnee«, und wir können klar sehen. Der »Schnee« ist nicht verschwunden, aber er hat sich soweit gelegt, dass wir sehen können, womit wir es zu tun haben.

Ein paar Tipps

Gestalten Sie die Übungen kurz und altersgerecht, und vor allem, bringen Sie Vertrauen und Geduld mit – es besteht kein Grund zur Eile! Eine Faustregel lautet: eine Minute Praktizieren für jedes Lebensjahr. Das ist kein Ziel, lediglich eine Richtlinie. Ihrem 15-Jährigen ist mit einer fünfminütigen Übung vielleicht besser gedient als mit einer 15-minütigen. Am besten führen Sie Kinder spielerisch an Achtsamkeit heran. Spielen ist der natürliche Weg des Kindes zu Offenheit und Neugier – genau die Qualitäten, die wir bei Achtsamkeit fördern. Bestehen Sie niemals darauf, dass ein Kind meditiert. Halten Sie die Übungen kurz. Gehen Sie schrittweise vor und seien Sie geduldig. Fördern Sie Neugier und Offenheit, indem Sie selbst neugierig und offen sind. Sorgen Sie dafür, dass Sie *Spaß haben und kreativ sind*.

Etwas mitverfolgen

Die Fähigkeit des achtsamen Gewahrseins besteht darin, sich auf ein gewähltes Objekt oder Aufmerksamkeitsfeld auszurichten, dabei zu bleiben und wahrzunehmen, wann der Geist abschweift, um dann die Aufmerksamkeit freundlich wieder auf den gewählten Fokus zu richten. Etwas mitzuverfolgen ist daher ein guter Einstieg für Kinder.

Es geht darum, einfach wahrzunehmen, was da ist, ohne etwas verändern zu wollen.

Den Atem mitverfolgen
Dies ist vielleicht die vielseitigste Achtsamkeitspraxis für Kinder. Susan Kaiser Greenland beschreibt in ihrem Buch *Wache Kinder*, wie sie Kindergartenkinder anleitet, sich mit einem weichen Spielzeug auf dem Bauch hinzulegen und auf den Atem auszurichten, indem sie beobachten, wie sich das Spielzeug langsam auf und ab bewegt, als wollten sie es in den Schlaf schaukeln.

Bei Atemübungen mit jüngeren Kindern können Sie diese darauf hinweisen, dass sie selbst entscheiden können, worauf sie ihre Aufmerksamkeit richten wollen, und dass sich der Atem verändern kann, wenn wir uns auf ihn ausrichten – oft wird er langsamer und regelmäßiger. Das kann dazu führen, dass das Kind ruhiger und entspannter wird. Ältere Kinder und Teenager ermutigen wir am besten, es selbst auszuprobieren und ihre eigenen Entdeckungen zu machen.

Manchen Kindern (und Erwachsenen) ist es unangenehm, sich auf den Atem zu konzentrieren – z.B. bei Asthma, Atemproblemen oder Erfahrungen mit Panikattacken. Wir sollten ein Kind auf keinen Fall zwingen, sich auf den Atem auszurichten, wenn ihm das unangenehm ist. Vielleicht muss es selbst experimentieren, um herauszufinden, auf welchen Körperteil es sich gern fokussiert (wie die Fußsohlen oder Hände). Wer gleich von Anfang an eine Alternative zum Atem hat, kann die Aufmerksamkeit aus freien Stücken ganz allmählich darauf richten.

Den Atem mitverfolgen

Sie können Ihr Kind mithilfe eines Windrades mit seinem Atem bekannt machen. Dabei lernen Kinder, dass sie den Atem steuern können, indem sie stark oder sanft blasen. Vielleicht fällt ihnen dabei auf, dass sie selbst dann noch atmen, wenn sie es nicht wahrnehmen. Sie können beschließen, für den Atem aufmerksam zu sein oder nicht – er ist immer da! Das geht auch mit Seifenblasen oder sogar einer Pusteblume, wenn Ihr Kind alt genug ist, den Atem zu steuern. Eine andere gute Möglichkeit ist, dass das Kind, um seinen Atem mitzuverfolgen, die Hände auf den Bauch legt und beobachtet, wie sie sich heben und senken. Ältere Kinder möchten die Atemempfindungen vielleicht lieber in anderen Körperteilen wahrnehmen, wie bei den Übungen für Erwachsene (s. S. 57).

Auch das Zählen der Atemzüge ist eine Möglichkeit, den Atem bewusst wahrzunehmen und im Hier und Jetzt zu sein. Beim Zählen ist der Geist beschäftigt, sodass wir den Fokus leichter halten können.

1 Wählen Sie eine Zahl, die Ihr Kind gut kennt (wie 3, 5 oder 8).

2 Die Hände liegen auf dem Bauch, Ihr Kind zählt beim Ausatmen bis zur gewählten Zahl und richtet sich innerlich auf den Atem und den Bauch aus. Oder Sie zählen für das Kind.

3 Ist die vereinbarte Zahl erreicht, beginnen Sie einfach wieder von vorn.

4 Ist Ihrem Kind diese Übung geläufig, kann es anfangen, darauf zu achten, wann der Geist abschweift; eine Weiterentwicklung dieser Praxis wäre also, jedes Mal zur 1 zurückzukehren, wenn dem Kind auffällt, dass der Geist abgeschweift ist.

Wenn Sie diese Übung kurz halten, kann sie Spaß machen und wirkt auf aufgebrachte oder unruhige Kinder oft wunderbar beruhigend. Sie können Ihr Kind auch unterstützen, indem Sie mit ihm mitatmen.

Sich dem Körper zuwenden

Kinder sind von Natur aus neugierig. Sie können ein Kind zum Forschen einladen, indem Sie es einfach bitten, eine Hand auf das eigene Knie oder den Ellbogen zu legen und zu spüren, wie das Gelenk arbeitet, wenn das Kind sich bewegt. Von hier aus ist es nur ein kleiner Schritt, darüber nachzudenken, wie sich das Gelenk von innen anfühlt, ohne dass eine Hand darauf liegt. Wenn Ihr Kind lernt, die Aufmerksamkeit auf verschiedene Körperteile zu richten und die Empfindungen dort wahrzunehmen – ob diese nun auf äußere Anreize wie Berührungen oder die Temperatur zurückgehen oder in einem inneren Kribbeln oder Pulsieren bestehen –, machen Sie es allmählich mit dem Bodyscan bekannt. Mithilfe einer Taschenlampe können Sie verdeutlichen, was es heißt, die Aufmerksamkeit schmal oder breit auszurichten. Ein schmaler Strahl beleuchtet vielleicht einen Zeh; ein breiter das ganze Bein oder sogar den ganzen Körper.

Sie können das Kind auch anleiten, die Aufmerksamkeit auf den Körper zu richten, wenn es sich bewegt, wie beim achtsamen Gehen, Laufen, Tanzen oder Fußballspiel.

Der Bodyscan

Damit Kindern der Bodyscan Spaß macht, können wir sie bitten, sich auf ein großes Blatt Papier zu legen, und dann ihre Körperumrisse langsam nachzeichnen, wobei wir ihre Aufmerksamkeit auf jeden Körperteil lenken, den der Stift gerade erfasst. Bitten Sie Ihr Kind, Ihnen zu sagen, welche Empfindungen es wahrnimmt: ein juckender Fuß, ein warmes Bein, ein kitzelndes Knie und so weiter. Wenn ihm diese Übung gefällt, kann das Kind mit Ihrer Anleitung allmählich dazu übergehen, seine Erfahrungen still zu entdecken. Vielleicht möchte es unbedingt auch Ihren Körper nachzeichnen. Das ist eine gute Möglichkeit, dem Kind Erfahrungen und Empfindungen zu zeigen, die es selbst wahrnehmen kann. Wenn die Übung in Gekicher und Getobe mündet, genießen Sie das einfach und lenken die Aufmerksamkeit des Kindes ganz sanft wieder auf den Zweck der Übung, nämlich den breiten oder schmalen Strahl der Aufmerksamkeit – wie mit einer Taschenlampe – bewusst auf den Körper zu richten.

Diese Übung ist auch zum Entspannen geeignet. Ein kurzer angeleiteter Bodyscan (s. S. 177) kann eine wunderbare Möglichkeit sein, nach einem vollen Tag abends im Bett zur Ruhe zu kommen.

Sich den Sinnen zuwenden

Wir können Kinder unterstützen, mit aufmerksamen Sinnen durch das Leben zu gehen und sich im Alltag immer wieder Zeit zu nehmen, Farben zu betrachten, Essbares zu riechen und den Vögeln zuzuhören. Auch die Essmeditation (s. S. 49) macht Kindern Spaß. Das alles sind Möglichkeiten, ihr Erleben der Welt durch Gewahrsein zu bereichern.

Übung: Das Obstspiel

Dieses Spiel, bei dem wir – bis auf das Sehen – alle Sinne benutzen, gefällt den meisten Kindern. Wir sind so gewohnt, unsere Welt visuell wahrzunehmen, dass die Benutzung der anderen Sinne – Tasten und Schmecken – unser Gewahrsein vertiefen kann. Sie können diese Übung auch mit kleinen Gruppen von drei oder mehr Kindern machen. Sie brauchen dafür eine Zitrone pro Kind (können aber auch Kartoffeln, Orangen o. Ä. nehmen).

1 Alle Mitspielenden schließen die Augen oder binden sich einen Schal als Augenbinde um.

2 Jedes Kind nimmt sich eine Zitrone und untersucht sie sorgfältig, prüft Größe, Form, Oberfläche, Geruch und vielleicht sogar Geschmack. (Vielleicht möchten Sie entsprechende Anweisungen geben, um allen Kindern zu helfen, auf die Frucht konzentriert zu bleiben.) Das kann, je nach Alter der Kinder, zwei bis vier Minuten dauern.

3 Sammeln Sie die Zitronen ein und legen Sie sie wieder in die Schale, aber alle durcheinander.

4 Jetzt fordern Sie die Kinder einzeln auf, sich ihre Zitrone herauszusuchen. (Vielleicht denken wir, das sei nicht möglich. Doch über unsere Sinne haben wir unsere eigene, besondere Zitrone sehr gut kennengelernt und finden sie oft ganz leicht.)

Sich Gedanken und Gefühlen zuwenden

Unser Gewahrsein unseren Gedanken und Emotionen zuzuwenden kann selbst für Erwachsene schwierig sein. Haben wir erst einmal gelernt, sie wahrzunehmen, wird uns klar, welche Macht Gedanken und Emotionen über unser Leben haben. Natürlich sollten wir Kinder auch wissen lassen, dass Denken nicht generell schlecht ist – es gehört einfach zu uns, dass wir Dinge innerlich klären, Fantasien und Tagträume haben. Denken wird nur dann zum Problem, wenn wir uns dadurch schlecht fühlen oder abschweifen, wenn wir aufmerksam sein sollten. Genau dann kann das »Zuwenden« uns wirklich helfen – ein Junge, der Achtsamkeit in der Schule lernte, sagte, er könne jetzt wirklich hören, was der Lehrer sagt, und müsse nicht mehr ständig nachfragen.

Gedanken sind wie wild herumspringende Affen – sie bleiben nicht an einem Ort und erzählen uns oft Geschichten, die nicht stimmen. Wenn sich alle Affen zusammentun, können sie bewirken, dass wir uns von unserer tatsächlichen Erfahrung weit entfernen.

Wir nehmen Emotionen oft als Körperempfindungen wahr, denen die Kinder sich zuwenden, die sie benennen und begrüßen können – selbst unangenehme oder sehr intensive. Wenn es intensiv wird oder wir uns »wackelig« fühlen, können wir beschließen, uns den Empfindungen im Körper oder dem Atem zuzuwenden, um uns zu beruhigen.

Wenn wir Kindern Emotionen so beschreiben und diese im Körper lokalisieren, hilft ihnen das, sie zu bewältigen. Können sie ihre Erfahrungen benennen – wie »Traurigkeit«, »Ärger« oder »Glück« –, begreifen sie diese Gefühle als alltägliche Erfahrungen, die anerkannt werden wollen. Sich Gefühlen zuzuwenden ist ein guter Ausgangspunkt, um zu entscheiden, welche nächsten konkreten Schritte wir tun wollen.

Wenn wir unsere Erfahrungen freundlich erforschen, verstehen wir auch unsere Denkgewohnheiten, unsere Gefühle und unser Verhalten besser. Freundlichkeit hilft uns, diese Gewohnheiten behutsam zu beleuchten und zu akzeptieren, ohne die Dinge anders haben zu wollen oder vorschnelle Lösungen zu suchen. Wir können Kindern helfen, sich auf Freundlichkeit hin auszurichten, indem wir sie bitten, sich zu erinnern, wie es sich anfühlte, als jemand freundlich mit ihnen umging oder sie jemanden freundlich behandelt haben. Die Hinwendung zur Freundlichkeit ist ein guter erster Schritt für kluges Handeln und den freundlichen Umgang mit uns selbst, anderen Menschen und dem ganzen Planeten.

Bei Schwierigkeiten helfen

Ebenso wie wir Erwachsene erleben auch Kinder Schwieriges in ihrem Leben. Oft haben sie nicht die Hilfsmittel und Erfahrung, mit Widrigkeiten umzugehen, und brauchen die Unterstützung der Erwachsenen um sie herum. Vielleicht haben sie sich auch noch nicht so sehr angewöhnt, sich Schwierigkeiten vom Leib zu halten oder sie zu umgehen, wie wir Erwachsenen es oft tun. Mithilfe der Fähigkeit, »etwas mitzuverfolgen«, die wir gerade erforscht haben, können wir Kindern beibringen, die unvermeidlichen Schwierigkeiten in ihrem Leben besser zu bewältigen.

Ihre eigene Geduld, Akzeptanz und Freundlichkeit tragen viel dazu bei, ähnliche Haltungen bei Ihrem Kind zu fördern. Wichtig ist, sich klar zu machen, dass Kinder ihren Kummer oft durch ihr Verhalten zeigen. Wenn Ihr Kind sich also »schlecht benimmt«, kann ihm die Erforschung von Empfindungen, Emotionen und Gedanken und die Hinwendung zur Freundlichkeit helfen, die Dinge, mit denen es zu kämpfen hat, auszudrücken und zu verstehen.

Eine Möglichkeit dazu ist, auf einem Blatt Papier eine »Bewusstheitsgrafik« anzufertigen. Teilen Sie das Papier in vier gleich große »Kisten« und beschriften sie diese mit »Körperempfindungen«, »Gefühle«, »Gedanken« und »Freundlichkeit« (s. gegenüberliegende Seite). Wenn Sie die Erfahrungen Ihres Kindes dann in die entsprechende Kiste zeichnen oder schreiben, sieht man, wie sich alle diese Elemente gegenseitig beeinflussen – man kann sie nicht wirklich trennen, auch wenn es hilfreich ist, sie einzeln zu betrachten, weil wir sie so wirklich kennenlernen und uns mit allen Aspekten unseres Erlebens anfreunden können. Diese Grafik können Sie mit Kindern, je nach Alter, ganz unterschiedlich benutzen. Kleinere Kinder haben Spaß daran, ihr eigenes Bild zu zeichnen und auszumalen und bei Bedarf immer wieder darauf zurückzugreifen. Dafür können Sie Klebepunkte oder Sticker benutzen, auf die Sie geläufige Körperempfindungen, Gefühle und Gedanken schreiben. Ein paar lassen Sie leer für einzigartige Erfahrungen. Ältere Kinder können ihre eigene Grafik selbst herstellen, wann immer sie eine Erfahrung erforschen möchten.

JOHANN war mit seiner Mama nach der Trennung seiner Eltern kürzlich in eine andere Stadt gezogen. Es fiel ihm schwer, in seiner neuen Schule Freundschaften zu schließen. Seine Situation verschärfte sich zunehmend, und Johann zog sich immer mehr zurück und wollte nicht mehr in die Schule gehen. Behutsam den richtigen Augenblick abpassend, fragte Johanns Mutter, ob er gern reden wolle. Sie hörte ihm aufmerksam zu und half ihm, sich mithilfe des Atemgewahrseins mit den Händen auf dem Bauch zu beruhigen. Sie nahmen sie sich Zeit, um Johanns Schulerlebnisse an diesem Tag zusammen zu erforschen.

Ernsthafte Schwierigkeiten

Manchmal erleben Kinder besonders schwierige Situationen. Diese können sich so riesengroß und dunkel anfühlen, als gäbe es überhaupt keinen Ausweg. In solchen Zeiten kann es sehr beängstigend sein, sich den Schwierigkeiten zuzuwenden. Hier kann die folgende Übung helfen.

Bewusstheitsgrafik

KÖRPEREMPFINDUNGEN
- Tränen
- Herz pocht
- Schmetterlinge im Bauch

GEDANKEN
- Ich werde nie Freunde haben
- Ich mache immer alles falsch
- Niemand mag mich
- Ich kann nicht glücklich sein

Sich zuwenden

GEFÜHLE
- Verwirrung
- Furcht
- Ärger
- Traurigkeit

FREUNDLICHKEIT
- Die Welt
- Ich selbst
- Andere

> ## Übung: Ein schwarzes Loch verstehen
>
> Die folgende Übung kann Kindern helfen zu verstehen, dass eine Situation nicht nur schwarz ist, sondern verschiedene Aspekte hat.
>
> **1** Reißen Sie ein, zwei Stück Papier von einer Küchenrolle und malen Sie mit fünf oder sechs verschiedenfarbigen Filzstiften ein schwarzes Loch in die Mitte, indem Sie die Spitzen der Stifte so lange auf das Papier drücken, bis es die Farbe aufgesaugt hat.
>
> **2** Tröpfeln Sie vorsichtig Wasser darauf – *das ist, als würden wir mit der klaren Sicht von Achtsamkeit auf unser schwarzes Loch schauen*.
>
> **3** Schon bald zeigen sich die Farben einzeln. Das gleiche passiert, wenn wir uns unseren Schwierigkeiten mit achtsamer Aufmerksamkeit zuwenden – wir sehen sie dann allmählich als das, was sie sind, und so können wir Schwierigkeiten auch leichter bewältigen.
>
> **4** Die Farben werden sich immer deutlicher einzeln abzeichnen, bis kein schwarzes Loch mehr auf dem Blatt ist, sondern ein ganzes Spektrum verschiedener Farben.

Nun ist es besonders wichtig, dass die Erwachsenen ihnen einfühlsam zuhören. Kinder fühlen sich am meisten von den Menschen unterstützt, die sie lieben und am besten kennen – Sie haben also eine wichtige Rolle. Es kann jedoch auch Situationen geben, in denen es wichtig ist, professionelle Hilfe zu suchen – vielleicht bei einem Arzt oder einer Therapeutin.

Ernsthafte Schwierigkeiten können sich anfühlen wie ein schwarzes Loch. Sie scheinen so riesig zu sein, dass in unserem Leben kein Raum für etwas anderes bleibt. Sich achtsam zuzuwenden, vor allem unserem Körper, kann uns helfen, aus diesem schwarzen Loch herauszutreten und es genauer anzuschauen. Dabei kann auch die »Atempause in drei Schritten« (s. S. 70) nützlich sein. So finden wir einen stabilen Ort, um die Dinge klar zu sehen und auch zu erkennen, dass andere Dinge in unserem Leben gut sind und nur überschattet waren von dem schwarzen Loch. Dadurch verschwindet es nicht, aber wir können sehen, dass es in unserem Leben noch mehr gibt – und das verändert unsere Beziehung zu den Schwierigkeiten. Vielleicht fällt uns auch auf, dass nicht alles schwarz ist, sondern die schwierige Situation viele verschiedene Aspekte und Eigenschaften hat.

SONIA hatte eine sehr enge Beziehung zu ihrem Großvater. Als er nach kurzer Krankheit starb, fiel es der 12-Jährigen enorm schwer, mit diesem Verlust zurechtzukommen.

Zunächst hielt sie sich sehr beschäftigt, aber später fühlte sie sich oft streitsüchtig. Nach einer Weile fragte Sonias Vater sie, ob sie gern etwas über Achtsamkeit lernen würde. Er brachte ihr bei, sich ihrem Atem, ihrem Körper, Emotionen und ihrer Freundlichkeit »zuzuwenden«. Das half ihr, ihre Emotionen besser zu verstehen und zu bewältigen. Als ihr Vater sie ermutigte, ihr »schwarzes Loch« zu malen, konnte Sonia sehen, dass sie in diesem schwarzen Loch gelebt hatte. Auch wenn sie beschäftigt war, sah sie eigentlich nur den Verlust ihres Großvaters. Durch Achtsamkeit konnte sie einen Schritt aus dem »schwarzen Loch« heraustreten und sehen, dass es in ihrem Leben auch noch andere Dinge gab.

Mithilfe der Übung »Das schwarze Loch« konnte Sonia die vielen verschiedenen Aspekte ihrer Trauer sehen: Traurigkeit, Furcht, Ärger, beschäftigt sein (um Gefühle in Schach zu halten) und Hoffnungslosigkeit. Und auch wenn diese Gefühle durch achtsames Gewahrsein nicht verschwanden, konnte Sonia, indem sie sie klar sah und auch begriff, dass sie damit nicht allein war, anders damit umgehen, statt darin gefangen zu sein.

Von unseren Kindern lernen

Kinder haben noch nicht so eingeschliffene Gedanken, Emotionen und Verhaltensweisen wie wir Erwachsenen. Wir können vom Mut und der Bereitschaft der Kinder, ihre Erfahrungen mit Enthusiasmus und Offenheit zu erforschen, viel lernen. Kinder sind auf spontane Weise großzügig, freundlich und es macht Spaß, mit ihnen zusammenzusein. Wenn wir sie mit Achtsamkeit bekannt machen, helfen wir ihnen, diese wunderbaren Eigenschaften auch später in ihrem Leben wachzuhalten.

08.

Achtsamkeit für pflegende Angehörige

von Vanessa Hope

Wenn wir während
des Tages immer wieder
Achtsamkeit in den
Moment bringen, schaffen
wir kleine Oasen der
Stabilität, vielleicht sogar des
Friedens, die uns Gelegenheit
geben, die Sorgen
loszulassen, die uns nicht
so einfach loslassen.

Wie Achtsamkeit helfen kann

Wir haben uns in diesem Buch bereits angeschaut, wie der Stress im 21. Jahrhundert zugenommen hat. Das Gleiche gilt für die Anzahl der Menschen, die Pflege brauchen. Für die Versorgung der wachsenden älteren Bevölkerung arbeiten viele Pflegekräfte in Alten- und Pflegeheimen. Doch noch viele weitere betreuen zu Hause in Vollzeit eigene Familienangehörige. Die Menschen, die gepflegt werden – Ehemänner, Ehefrauen, Eltern und Kinder – hatten vielleicht einen schweren Unfall, leiden an einer fortschreitenden Krankheit oder nähern sich ihrem Lebensende. Wer pflegt, lebt mit sehr viel Stress, und das wird erst allmählich anerkannt.

Trotz individueller Besonderheiten begegnen alle Pflegenden ähnlichen Schwierigkeiten. Das Anziehen, Windeln, Nahrungreichen, Bewegen und Heben von Menschen, die dabei nicht helfen können, sowie der Umgang mit medizinischen Geräten stellen große *körperliche Anforderungen* dar. Außerdem leidet oft der Schlaf.

Doch auch *emotional* ist die Situation eine große Herausforderung. Vielleicht haben sich die Rollen innerhalb der Familie erheblich verändert, während Sie versuchen, den vielen Anforderungen zeitlich gerecht zu werden. Die Person, die Sie pflegen, mag eine ganz andere sein, als die, die Sie bislang kannten. Vielleicht ist es auch anstrengend oder frustrierend, mit einem Menschen zu kommunizieren, der Sie nicht mehr richtig verstehen oder antworten kann oder Sie nicht einmal mehr erkennt. Sie müssen wahrscheinlich mit eigenen Gefühlen von Frustration, Ärger oder sogar Aggression zurechtkommen – und dazu mit entsprechenden Gefühlen der Person, die Sie pflegen. Vielleicht sind Sie ständig übermüdet und in Sorge und deshalb auch gereizt. Bei so vielen Herausforderungen können Sie leicht das Gefühl bekommen, Sie würden sich nicht gut genug kümmern, und deshalb Schuldgefühle entwickeln.

Wenn Sie in Vollzeit pflegen, können sich diese Schwierigkeiten noch verstärken, da Sie 24 Stunden am Tag gefordert sind und wachsam sein müssen. Oft ist kein Ende der Pflegeerfordernis abzusehen, und die Situation könnte sich eher noch verschlechtern. Das macht die Zukunft ungewiss und ist oft auch mit finanziellen Schwierigkeiten verbunden. Vielleicht haben Sie ständig zu kämpfen mit sozialen Diensten, Beratungsstellen und Krankenhäusern. Möglicherweise fühlen Sie sich isoliert und allein.

Es ist verständlich, dass pflegende Angehörige anfällig für Burnout oder Depressionen sind. Deswegen ist es wichtig, Wege zu finden, diesen Herausforderungen effektiv zu begegnen und trotz all der Ansprüche an uns auch für uns selbst zu sorgen. Da Achtsamkeitstraining helfen soll, sich Schwierigkeiten zuzuwenden und Wege zu finden, damit gut zu leben, überrascht es nicht, dass es Pflegekräfte in sozialen Einrichtungen ebenso wie pflegende Angehörige sehr unterstützen kann.

Im Augenblick leben

Als pflegender Angehöriger ist Ihnen wahrscheinlich besser als vielen anderen Menschen klar, wie wichtig es ist, im gegenwärtigen Augenblick zu sein und einfach zu tun, was von Moment zu Moment ansteht. Meistens jedoch passiert das im Dienst für andere. Es kann wirklich schwierig sein, sich Zeit für Sie selbst zu nehmen.

Das Achtsamkeitstraining hilft Ihnen, sich auf das Hier und Jetzt auszurichten und sich dabei selbst Zuwendung zu geben.

Bei der Übung »Achtsam essen« (s. S. 49) haben wir Sie eingeladen, ganz langsam und aufmerksam ein Stück Obst zu essen. Menschen stellen oft fest, dass sie durch diese Aufmerksamkeit für alltägliche Aktivitäten einen Raum schaffen, in dem sie sich selbst nähren und zwar nicht nur mit Essbarem, sondern auch mit Zeit und Zuwendung. Wie oft unterbrechen wir im Laufe unseres geschäftigen Lebens unser ständiges Tun und erlauben uns, einfach zu sein? Doch wenn wir während des Tages Achtsamkeit in den Moment bringen, schaffen wir kleine Oasen der Stabilität, vielleicht sogar des Friedens, die uns Gelegenheit geben, die Sorgen loszulassen, die uns nicht so einfach loslassen.

> **Den Moment würdigen – sich selbst würdigen**
> Vielleicht probieren Sie einmal Folgendes aus:
>
> - Spüren Sie einfach, wie es sich anfühlt, sich hinzusetzen, zur Ruhe zu kommen, die Füße am Boden, der Körper getragen vom Stuhl.
> - Spüren Sie den Fluss Ihrer Bewegungen von einem Ort zum anderen, während Sie im Haus Ihrer Arbeit nachgehen.
> - Nehmen Sie sich Zeit für eine gute Tasse Tee, Kaffee oder ein erfrischendes Kaltgetränk.
> - Essen Sie etwas Leckeres.
> - Setzen Sie sich einfach fünf Minuten in den Garten, spüren Sie die Luft auf Ihrer Haut und hören Sie den Vögeln zu.
>
> Eine andere Möglichkeit, alltägliche Aktivitäten achtsam zu verrichten, ist, dass Sie sich erlauben:
>
> - Beim Duschen oder Baden wirklich alle Empfindungen zu erleben.
> - Beim Abwaschen die Farben der Seifenblasen oder den Glanz des gespülten Geschirrs zu sehen und sich daran zu freuen.
> - Die Sonne im Gesicht zu spüren, während Sie Wäsche aufhängen oder den Rasen mähen.

Machen Sie möglichst einfache Schritte. Wenn Sie regelmäßig Achtsamkeit in Ihre gewöhnlichen Verrichtungen einbringen, wird diese Teil Ihrer täglichen Abläufe. Auf diese Weise können Sie in Ihr Leben etwas von der Zuwendung einflechten, die Sie so dringend brauchen.

Im Moment zu leben, kann noch andere weitreichende Folgen haben. Gerade aufgrund ihrer speziellen Umstände sind pflegende Angehörige oft ständig mit den Gedanken in der Vergangenheit oder Zukunft. Vielleicht blicken Sie mit großer Traurigkeit zurück auf die Zeit, bevor Ihr Angehöriger erkrankte. Und vielleicht fragen Sie sich besorgt, was die Zukunft bringen wird. Und selbst in Bezug auf die Gegenwart können Ihre Gedanken voller Urteile und Selbstkritik hinsichtlich Ihrer pflegerischen Fähigkeiten sein.

Achtsamkeitspraxis hilft uns jedoch, uns im gegenwärtigen Augenblick zu verankern. Wenn wir lernen, innezuhalten und unsere Erfahrung klarer zu sehen, erkennen wir allmählich auch, wie unsere Gedanken und Gefühle und unser Verhalten die Schwierigkeiten, die wir bereits haben, noch verstärken können.

Dadurch können wir unsere Erfahrung auch besser so akzeptieren, wie sie ist, und zu einer gewissen Stabilität gelangen, da wir den Kampf darum, die Dinge anders haben zu wollen, loslassen. Das heißt keinesfalls resignieren oder aufgeben. Unsere Situation klar sehen ist einfach der erste Schritt, der uns in die Lage versetzt, klug zu entscheiden, wie wir handeln und mit der Situation umgehen wollen.

Uns selbst Freundlichkeit erweisen

Vielleicht sehen Sie allmählich, dass Achtsamkeitspraxis ein Weg ist, liebevoll mit sich umzugehen. Wenn wir uns im Lauf unseres Tages für Momente selbst würdigen und erlauben, die zu sein, die wir sind – ganz gleich, welche Gedanken oder Emotionen vorbeiziehen –, schließen wir mit uns selbst Freundschaft, statt uns zu kritisieren.

Eigene Grenzen respektieren

Wenn wir Achtsamkeit praktizieren, beginnen wir die Realität unseres Lebens zu sehen – nicht, wie wir es gern hätten oder wie es sein sollte, sondern wie es tatsächlich ist. Wir beginnen auch uns selbst besser zu verstehen und erkennen, wann wir unsere Grenzen erreichen. Besonders deutlich zeigt sich das bei den achtsamen Bewegungsübungen. Wenn wir z.B. die Arme über den Kopf heben, werden wir uns ihres Gewichts, des Kribbelns in unseren Fingern und manchmal auch des Wunsches bewusst, die Arme wieder nach unten zu bringen. Meistens haben wir auf diesen Wunsch zweierlei Reaktionen. Entweder wir nehmen die Arme sofort herunter; oder wir beißen die Zähne zusammen und halten sie oben. Das ist ganz menschlich. Wir schrecken in unserem Leben ständig vor Herausforderungen zurück oder zwingen uns weiterzugehen. Dass wir unsere Grenzen überschritten haben, erkennen wir oft erst dann, wenn wir zu weit gegangen sind – und das möglicherweise schon sehr lange.

Durch Achtsamkeitspraxis
lernen wir,
freundlich und mitfühlend
mit uns umzugehen,
wenn wir unsere
Grenzen erreichen.

Wenn wir uns darin üben, achtsames Gewahrsein in unser Leben zu bringen, werden wir sensibler für diesen »kritischen Punkt«. Wir erkennen allmählich die subtilen (und weniger subtilen) Signale, die uns helfen, uns nicht zu überfordern oder zu weit zu gehen. Achtsamkeit praktizieren heißt, wir sehen allmählich die Realität unseres Lebens – nicht wie wir es gern hätten oder wie es sein sollte, sondern wie es tatsächlich ist.

Toms Frau hatte einen Schlaganfall erlitten, sodass sie unsicher auf den Beinen war. Sie ging nur mit Toms Unterstützung zum Einkaufen, weil sie sich schämte, am Stock zu gehen. Manchmal hatte Tom danach Rückenschmerzen, wusste aber nie, wann oder wie stark sie auftreten würden. Als er in seinem Kurs achtsame Bewegung praktizierte, nahm Tom in bestimmten Positionen einen stechenden Schmerz im Rücken wahr. Er begriff allmählich, welche Bewegungen sein Rücken nicht mochte und wie er sich bewegen konnte, ohne das Stechen auszulösen. Er sah auch, dass er mit seiner Körperhaltung versuchte, das Stechen zu verhindern, sodass er sich verkrampfte, was den Schmerz noch verstärkte.

Als er das nächste Mal mit seiner Frau ausging, machte sein Rücken sich wieder bemerkbar, doch statt weiterzugehen, informierte er seine Frau und bat sie, eine Weile den Stock zu benutzen. Sie half ihm gern, sodass die Rü-  ckenschmerzen nicht schlimmer wurden. Dass er diese Körpersignale wahrnahm, übertrug sich auf Toms übriges Leben – sodass er jetzt auch darauf achtete, wenn er abends müde war, und sich erlaubte, nicht dringende Erledigungen warten zu lassen.

Achtsamkeit in der Kommunikation

Toms Beispiel bringt uns zu einem weiteren Aspekt des Achtsamkeitstrainings, den Pflegende oft hilfreich finden. Sie müssen häufig schwierige Gespräche führen: mit der Person, die sie pflegen, Ärzten, Gutachtern, Sozialämtern und Versicherungen. Das kann ein bereits stressiges Leben noch stressiger machen. Weitere Hinweise zu Kommunikation finden Sie im Kapitel über Beziehungen.

Übung: Meditation auf freundliches Gewahrsein

Mit dieser kurzen Meditation können Sie freundlich zu sich selbst sein.

1 Suchen Sie sich einen ruhigen Platz, wo Sie bequem sitzen können, den Rücken gerade, die Füße stabil auf dem Boden. Spüren Sie, wie diese Haltung, der Boden und Stuhl Sie tragen.

2 Seien Sie mit sich und Ihrer Erfahrung, hier zu sitzen, freundlich und behutsam (als wären Sie selbst Ihre beste Freundin/Ihr bester Freund).

3 Lenken Sie die Aufmerksamkeit zu *angenehmen Empfindungen*. Achten Sie auf alle wohligen Empfindungen: die Berührung mit der Luft, Wärme, Kühle ... Halten Sie diese Empfindungen im Gewahrsein, ruhen Sie darin.

4 Achten Sie jetzt auf Bereiche, wo Sie keine bestimmten Empfindungen wahrnehmen, die sich *neutral* anfühlen. Lassen Sie Ihre Erfahrung so sein, wie sie ist.

5 Jetzt lenken Sie die Aufmerksamkeit auf Körperbereiche, die sich *unangenehm oder intensiv* anfühlen – vielleicht Schmerzen, Anspannung oder Betäubtheit. Einfach registrieren ... Dabei nehmen Sie Ihre *Reaktionen* auf diese Empfindungen wahr (vielleicht verstärken Sie sie oder drängen sie weg) und umgeben auch diese Reaktionen mit freundlichem Gewahrsein.

6 Während Sie jetzt da sitzen und alle diese Empfindungen (angenehme, neutrale, schwierige) in freundlichem Gewahrsein halten, achten Sie darauf, wie sie vielleicht kommen und gehen und wie Ihnen dabei auch Gedanken und Emotionen kommen und sich verändern ... Vielleicht möchten Sie, dass die angenehmen Empfindungen bleiben und die unangenehmen verschwinden, und ignorieren die neutralen Bereiche. Seien Sie einfach, wie Sie sind, ohne irgendetwas verändern zu wollen, und umgeben Sie sich und Ihre Erfahrung mit freundlichem Gewahrsein.

7 Kehren Sie mit der Aufmerksamkeit zurück zu sich, wie Sie hier sitzen, die Füße fest auf dem Boden, auf einer stabilen Unterlage, die Sie in diesem Moment trägt. Nehmen Sie diese Freundlichkeit für sich selbst mit in den nächsten Augenblick Ihres Tages.

Eine der wöchentlichen Hausaufgaben in unseren Achtsamkeitskursen besteht darin, sich Situationen anzuschauen, in denen der Austausch mit anderen schwierig ist. Wir tun das nicht, um Probleme zu lösen, sondern um *Reaktionsmuster* zu erkennen, die beeinflussen können, wie wir mit den Menschen in unserem Leben kommunizieren. Kommunikation ist ein zweigleisiger Prozess, an dessen Entfaltung beide Seiten beteiligt sind.

Ihre Reaktionsmuster sehen

Warum versuchen nicht auch Sie einmal diesen Fragebogen auszufüllen? Überlegen Sie, wann die Kommunikation mit einem Menschen erst kürzlich schwierig war.

- Welche Emotionen waren dabei im Spiel?
- Welche Gedanken, Bilder, Erinnerungen kamen Ihnen?
- Was passierte in Ihrem Körper?
- Wie haben Sie auf die andere Person reagiert und sich verhalten ... und sich selbst gegenüber?
- Was fällt Ihnen auf, wenn Sie diese Erinnerungen erforschen?
- Welche Muster fallen Ihnen auf? Explodieren Sie schnell? Oder fällt es Ihnen schwer, Ihren Standpunkt zu vertreten? Vielleicht vermeiden Sie Gespräche über Probleme. Reagieren Sie manchmal so, manchmal anders? Hängt das von der Situation oder der Person ab, mit der Sie sich austauschen?

Wenn Sie Ihre eigenen Reaktionsmuster anschauen, erkennen Sie sich vielleicht in den folgenden Berichten von zwei Teilnehmerinnen unserer Achtsamkeitskurse wieder. Beide zeigen, wie Achtsamkeit helfen kann, mit unseren Gefühlen in Berührung zu kommen und vielleicht auch nachsichtiger zu werden für die Menschen, mit denen wir kommunizieren. Aber Achtsamkeit kann uns auch helfen, zu uns selbst zu stehen, wenn das notwendig ist.

Tina hatte die Ganztagspflege ihrer Mutter übernommen, die sich von einem Schlaganfall mit teilweiser Lähmung erholte. Es war nicht einfach, ihrer Mutter beim Anziehen und Essen zu helfen, aber sie kamen ganz gut miteinander zurecht.

Nach einem weiteren Schlaganfall jedoch konnte ihre Mutter gar nichts mehr allein, und Tina musste ein Pflegeteam organisieren, das ins Haus kam und ihr half. Das Schlafzimmer ihrer Mutter wurde mit technischen Geräten vollgestellt, darunter auch ein Spezialbett mit einer Hebevorrichtung, um sie aus dem und ins Bett zu befördern. Das Pflegeteam gab sich alle Mühe, war aber terminlich überlastet. Tina wusste deshalb nie, wann sie kommen würden, und sie waren oft in Eile, weil schon der nächste Patient wartete.

Der Zeitplan sah vor, dass Tina weiter ihren Zeichenunterricht besuchte – den einen Termin in der Woche, wo sie aus dem Haus gehen und für sich etwas Gutes tun konnte. Das Pflegeteam kam jedoch oft so spät, dass es sich nicht mehr lohnte loszugehen. Das machte Tina immer ärgerlicher, sie hatte aber das Gefühl, es sei nicht wichtig genug, um darum viel Aufhebens zu machen.

Weil sie sich so schlecht mit der Situation fühlte, beschloss sie schließlich doch, etwas zu sagen. Als sie mehrmals durchging, was sie sagen wollte und wie sie es sagen sollte, wurde sie immer aufgeregter. Sie bemerkte, dass sie zitterte und ihr Atem flach ging.

Dann erinnerte sie sich an die Bergmeditation (s. S. 176). In ihrem Achtsamkeitskurs hatte sie gelernt, die Qualitäten eines Bergs in sich selbst wahrzunehmen: Sie spürte, wie sie, die Füße fest am Boden und mit der Erde verwurzelt, groß und stark für sich einstand.

Daraufhin nahm sie ihre Frustration ganz deutlich wahr und gestand sich ein, wie dringend sie diese kostbare Zeit wirklich brauchte. Von diesem stabilen Boden aus sagte sie dem Pflegeteam, sie könne sehen, dass sie viel zu tun hätten, aber der Zeichenunterricht sei für sie ein wichtiger Rettungsanker. Das Team war erschrocken über die Heftigkeit ihrer Gefühle, konnte sie aber verstehen und sagte zu, die Zeit möglichst einzuhalten, damit Tina ihren Unterricht besuchen konnte.

Laura pflegt ihren 20-jährigen Sohn Dan nach einem Motorradunfall. Er sitzt seit zwei Jahren im Rollstuhl, und aufgrund seiner Gehirnverletzung neigt dieser früher umgängliche junge Mann zu heftigen Stimmungsschwankungen, die noch verstärkt werden dadurch, dass er oft nicht versteht, was gesagt wird. Es scheint manchmal unmöglich, so mit ihm zu kommunizieren, dass er Laura begreift und bei den simpelsten Aufgaben mithilft. Laura weiß manchmal nicht mehr ein noch aus.

Eines Tages musste Laura Dan wegen eines Termins im Krankenhaus früh aus dem Garten holen. Dan wird oft ärgerlich, wenn Laura ihn bei dem, was er gerade tut, unterbricht und versteht nicht, dass der Termin wichtig ist. Auf einen Kampf gefasst, hielt Laura inne und nahm sich Raum zu atmen. Da spürte sie, wie sie schon zu einer Auseinandersetzung Anlauf nahm. Als sie diese Anspannung weiter wahrnahm, bemerkte sie, dass ihr das Herz schwer war und dass sich unter ihrer Frustration eine enorme Traurigkeit über sich und den ganz besonderen Jungen verbarg, der ihr Sohn früher gewesen war. Sie spürte, wie sie innerlich weiter wurde, legte behutsam ihre Arme um ihn und sagte: »Zeit jetzt hereinzukommen, Dan, und uns fertig zu machen für deinen Krankenhaustermin.« Zu ihrer Überraschung erwiderte er die Umarmung. Da wurde Laura klar, wie oft sich die Situation verschlimmerte, weil sie einfach eine Konfrontation erwartete. Ihr fiel auch auf, dass sie ihren Sohn nach langer Zeit wieder einmal umarmte und wie gut sich diese schlichte, wortlose Kommunikation anfühlte.

Um Unterstützung bitten

Es kann uns unglaublich schwerfallen zuzugeben, dass wir Unterstützung brauchen. Vielleicht empfinden wir das als Eingeständnis von Schwäche und machen uns Sorgen, dass uns die Kontrolle über die Situation entgleitet, wenn wir Hilfe annehmen. Es kann sehr schwer sein, Pflegekräfte ins Haus zu holen und nicht zu wissen, wer da kommen wird … oder wann. Das normale Leben und die Privatsphäre sind eingeschränkt, und vielleicht finden wir die Helfer nicht besonders sympathisch oder haben sie nicht gern um uns.

Wenn wir uns darauf konzentrieren, einen Menschen zu pflegen, kann es schnell passieren, dass wir Aktivitäten und Verbindungen in unserem Leben aufgeben, die uns Kraft geben. Im Achtsamkeitskurs werden wir ermutigt, zu bemerken, was uns unterstützt und was uns auslaugt, und nach Wegen

zu suchen, mehr stärkende, verbindende, inspirierende Aktivitäten in unser Leben zu bringen (vgl. die Übung »Heißluftballon« S. 173).

Eine wichtige Entdeckung kann sein, dass andere uns wirklich darin unterstützen können, uns um uns selbst zu kümmern. Wie wir an Tinas Geschichte (s. S. 155) gesehen haben, hilft uns Achtsamkeit, einen stabilen Ort zu finden, von dem aus wir unsere Bedürfnisse zum Ausdruck bringen und um Unterstützung bitten können.

Das zeigt, wie wichtig es ist, dass wir uns unseren Schwierigkeiten zuwenden (eine der Schlüsselfähigkeiten, die wir bei Achtsamkeit lernen). Erst wenn wir uns unsere Schwierigkeiten genau anschauen und uns eingestehen, dass die Dinge sind, wie sie sind, können wir kluge Entscheidungen treffen. Genau das half Tina, im Gespräch mit den Pflegekräften ihre eigenen Bedürfnisse zu äußern, und unterstützte Laura darin, liebevoll auf ihren Sohn zuzugehen, statt sich von ihrer üblichen Frustration und Gereiztheit beherrschen zu lassen. Wenn wir schmerzliche Gefühle wie Traurigkeit

Wir alle brauchen mehrere Stufen von Unterstützung, so wie bei einer Pyramide. Es ist die unterste Stufe, die die Basis bildet, auf der die restlichen Schichten aufbauen.

und Ärger nicht zugeben, riskieren wir, dass sie weiter in uns gären oder uns von der Zuneigung und Hilfe abschneiden, die wir brauchen.

Humor und Lachen
Viele Menschen in Achtsamkeitskursen sagen, es sei wirklich wichtig für sie, hier anderen Menschen mit ähnlichen Erfahrungen und Problemen zu begegnen. Das gilt besonders für Gruppen, die so viel gemeinsam haben wie pflegende Angehörige. Es ist wunderbar zu merken, dass auch andere frustriert sind, die Beherrschung verlieren und sich dann Selbstvorwürfe machen. Und wer, wenn nicht Menschen, denen es ebenso geht, könnte verstehen, wie schwierig es ist, ganze Cocktails von Medikamenten verabreichen zu müssen oder von Fremden abhängig zu sein? Der Austausch im Achtsamkeitskurs mündet nicht selten in gemeinsamem Gelächter, wenn die Teilnehmenden ihre täglichen Probleme allmählich leichter nehmen und als Teil ihres Menschseins begreifen.

Lachen kann als solches heilsam sein, aber es verweist auch auf etwas noch Wichtigeres. Wenn wir über uns und unsere Probleme lachen können, treten wir unweigerlich einen Schritt zurück und betrachten sie aus einer umfassenderen Perspektive. Der Humor, der in Achtsamkeitskursen oft entsteht, wurzelt nicht nur in gemeinsamen Lebenserfahrungen, sondern auch in der eigentlichen Praxis, der sich die Gruppe widmet. Sie hilft uns zu sehen, wie unser Geist uns ständig in die gleichen Geschichten verwickelt, was oft trockenen Humor in uns weckt. Die Fähigkeit, eher mit als über uns zu lachen, verhindert, dass wir uns selbst und unsere Probleme so persönlich und ernst nehmen. Wir sehen, dass unsere Schwierigkeiten zum Auf und Ab unseres Lebens gehören und uns nicht ausmachen – und das kann sehr heilsam sein.

Wenn wir Achtsamkeit üben, begreifen wir, dass wir, wie alle anderen menschlichen Wesen auch, unter oft schwierigen Umständen unser Bestes tun. Wir sehen allmählich, dass wir mit unseren Kämpfen nicht allein dastehen (wie isoliert wir uns manchmal auch fühlen mögen). Und wenn unsere Zuversicht in die Unterstützung durch die Praxis wächst, vertrauen wir auch allmählich darauf, dass wir mehr Freundlichkeit und Weisheit in unser Leben bringen können.

09.

Achtsamkeit und Krankheit

von Sarah Silverton

Achtsamkeit
kann uns helfen,
die Dinge klarer zu sehen
und geschickt und klug
damit umzugehen,
wenn wir krank sind.

Wie wir Krankheit erleben

Im Laufe eines Jahres ziehen sich die meisten von uns die übliche Erkältung zu. Vielleicht liegen wir ein, zwei Tage flach, aber der Infekt klingt ab, und schon bald haben wir ihn vergessen. Wenn wir das Glück haben, generell ziemlich gesund zu sein, fühlen wir uns wahrscheinlich meistens einigermaßen wohl. Es ist jedoch erstaunlich, wie groß die Auswirkungen selbst geringfügiger Erkrankungen auf unser Leben sein können. Man könnte meinen, dass diese Auswirkungen in direktem Verhältnis zur Schwere der Erkrankung stehen, aber tatsächlich kommen da ziemlich komplexe Faktoren ins Spiel. Was wir denken, fühlen und dagegen tun, wenn wir krank sind, kann unser Erleben sehr unterschiedlich beeinflussen.

Eine Krankheit wirkt sich nicht nur körperlich auf uns aus, sondern wir haben auch Gedanken und Gefühle dazu. Vielleicht empfinden wir Ärger, Groll, Frustration und Angst, sind besorgt, deprimiert oder schämen uns. Unser Geist und unser Körper sind so miteinander verbunden, dass sie sich gegenseitig beeinflussen. Wenn wir uns krank fühlen, fängt der Geist daher an, die Situation zu analysieren, spielt vielleicht Vergangenes durch, denkt sich aus, was wäre *wenn*, und organisiert und plant für die Zukunft.

Hilfreich kann sein, sich Krankheit als einen Pfeil vorzustellen, der uns trifft und verletzt. Die Symptome existieren wirklich, und manchmal können wir ihre Auswirkungen durch eine Behandlung oder Operation beeinflussen, manchmal nicht. Vielleicht fühlen wir uns für kurze oder längere Zeit unwohl und haben Schmerzen, sind müde oder erschöpft. Vielleicht wissen wir, dass wir bald wieder gesund werden, oder unsere Zukunft ist völlig ungewiss. Unsere Reaktion auf diese Situation ist ausschlaggebend dafür, ob uns ein zweiter Pfeil trifft. Dieser neue Pfeil steht für die Gedanken über unseren Zustand und unsere emotionalen und körperlichen Reaktionen darauf, das heißt, die Bedeutung, die diese Krankheit für uns hat. Der zweite Pfeil kann uns ebenso schmerzhaft – wenn nicht sogar schmerzhafter – treffen wie der erste.

Wir haben in diesem Buch bereits erforscht, wie wir als menschliche Wesen auf unangenehme Situationen oder Dinge, die wir anders haben wollen, reagieren. Es liegt in unserer Natur, vor schmerzhaften Erfahrungen zurückzuschrecken und bedrohliche Situationen überwinden zu wollen. Diese Reaktionen, die uns helfen sollen, Schwierigkeiten zu bewältigen, sind bei uns als menschliche Wesen also zu erwarten, doch sie können, wie wir durch Achtsamkeit sehen, die Situation manchmal verschlimmern.

Sind wir wütend und verbittert über unsere Situation, verstärkt das oft die körperliche Anspannung und damit auch Schmerz oder Erschöpfung. Müdigkeit oder Schmerzen machen uns zugleich anfälliger für düstere Gedanken. Vielleicht wenden wir viel Energie auf, um gegen die Realität unserer Erfahrung anzukämpfen (indem wir sie z.B. verdrängen oder immer wieder versuchen, sie in den Griff zu kriegen).

Wie Achtsamkeit helfen kann

Achtsamkeit kann uns helfen herauszufinden, wie wir uns jetzt, wo unser Leben so schwierig ist, am besten um uns kümmern. Sie hilft uns, die Dinge klarer zu sehen und Wege zu finden, klug und geschickt mit der schwierigen Situation umzugehen, die entsteht, wenn wir – woran auch immer – erkranken.

Es mag unwahrscheinlich klingen, dass Achtsamkeit uns vor Krankheiten wie einer normalen Erkältung schützen kann. Richard Davidson hat jedoch durch wissenschaftliche Untersuchungen herausgefunden, dass Menschen, die regelmäßig Achtsamkeit praktizieren, eine bessere Immunabwehr haben (s. S. 22). Es scheint also, dass Achtsamkeit sowohl in Bezug auf den ersten als auch den zweiten Pfeil einiges verändern kann.

Manchmal ist es schwierig, inmitten eines Aufruhrs von Empfindungen, Gedanken und Gefühlen zwischen dem ersten und dem zweiten Pfeil zu unterscheiden. Welche Aspekte unserer Situation können wir verändern und welche nicht? Achtsamkeit kann uns helfen, die Dinge in solchen Zeiten möglichst klar zu sehen.

Achtsamkeit kann uns
helfen herauszufinden,
wie wir uns in Anbetracht
der augenblicklichen
Gegebenheiten
am besten um uns
kümmern.

Danielle war 28 und fuhr jeden Tag mit dem Zug zur Arbeit. Ihre 18 Monate alte Tochter Zoe ging in eine Krippe und schien sich jeden Virus einzufangen, der dort kursierte. »Ich war noch nie in meinem Leben so oft erkältet«, erzählte Danielle ihrer Mutter. »Ich brauche jedes Mal länger, um mich zu erholen. Ich bin einfach erschöpft und erledigt – und mache mir wirklich Sorgen, welche Folgen das für Zoe hat.«

Danielle wusste, dass die Erkältungen selbst nicht das einzige Problem waren. Es stimmte natürlich, sie hatte einige lästige körperliche Symptome. Es war daher durchaus ok, etwas gegen die Erkältungen und zur Immunstärkung einzunehmen. (Damit wäre sie auf den ersten Pfeil eingegangen.) Aber Danielle stellte fest, dass sie sich außerdem viele Sorgen machte: »Was, wenn ich weiterhin ständig krank bin? Wenn ich sogar so krank werde, dass ich nicht mehr zur Arbeit gehen kann und meinen Job verliere? Wenn ich Zoe nicht mehr versorgen kann? Ich bin ständig erkältet, weil Zoe in der Krippe ist, dabei wäre sie bei mir zu Hause besser aufgehoben … Es ist alles meine Schuld.«

Danielle wurde klar, dass diese Sorgen ein weiterer Grund für ihre Erschöpfung waren. Ständig hatte sie Angst um ihre Gesundheit, vor allem, wenn sie nachts im Bett lag. Dadurch fiel es ihr schwer, genug Schlaf zu bekommen – was ihr ebenfalls Sorgen machte. Auf eine normale Erkältung – die lästig war, so lange sie dauerte – packte Danielle noch alle möglichen unangenehmen Gedanken und Gefühle obendrauf, die sich direkt auf ihren Schlaf auswirkten (das war der zweite Pfeil, s. S. 162).

Danielle entdeckte, dass sie im Laufe des Tages immer wieder auf ihren Atem achten konnte. Ihr fiel auf, dass sie sich dann weniger sorgte, ihre Gedanken nicht ausuferten und sie auch besser schlafen konnte. Indem sie beschloss, zwei simple Übungen zu machen, *Innehalten* (s. S. 166) und *Mit dem Körper atmen* (s. S. 168), lernte sie allmählich, aus den üblichen Denkschienen auszusteigen. Das machte sie stabiler und sie lebte bewusster und präsenter. Die Erkältungen waren jetzt kein Riesenproblem mehr, weil sie mit den körperlichen Symptomen zurechtkam und den Extra-Pfeil des Sorgens loslassen konnte. Sie sah nicht mehr überall Katastrophen und verurteilte sich selbst nicht mehr.

Übung: Innehalten

Es ist gut, die folgende Übung kurz und einfach zu halten. Sie tun nichts anderes als einfach innezuhalten und einen Moment lang mit freundlicher Neugier wahrzunehmen, was gerade passiert. Dann fahren Sie fort mit Ihrer Beschäftigung. Wenn Sie diese Übung täglich regelmäßig ein paar Mal machen, gewöhnen Sie sich an, einen Schritt zurückzutreten, den Autopiloten abzuschalten und hier und jetzt mit sich präsent zu sein.

Sie können diese Übung mit Alltagstätigkeiten verbinden wie Wasser aufsetzen, Hände waschen, darauf warten, dass der Computer hochfährt, Geschirr spülen, aus dem Haus gehen oder ins Auto steigen.

Sie können diese Pause auch immer dann einlegen, wenn Sie bemerken, dass Sie aus dem Gleichgewicht sind und sich gehetzt, besorgt, gestresst, gereizt oder aufgebracht fühlen.

- Als Erstes *halten Sie inne* mit dem, was Sie gerade tun (mental umschalten von Tun auf Sein), und stellen sich dann eine der folgenden Fragen:

- Was passiert für mich in diesem Augenblick?
- Was nehme ich in diesem Moment wahr?

Denken Sie daran, bei dieser Pause geht es um das Wahrnehmen – nicht darum, unliebsame oder ungewollte Erfahrungen zu analysieren oder loszuwerden.

Übung: Mit dem Körper atmen

Diese Übung können wir überall machen, aber sie eignet sich besonders gut, wenn wir nachts wachliegen und die Gedanken uns durch den Kopf rasen oder wenn wir krank sind und das Bett hüten müssen.

1. Spüren Sie die Empfindungen Ihres Körpers im Kontakt mit dem Bett, das Gefühl, unter der Bettdecke zu liegen und den Kopf auf dem Kissen ruhen zu lassen.

2. Werden Sie der Tatsache gewahr, dass Sie atmen. Überlassen Sie den Atem einfach sich selbst, ohne ihn verändern zu müssen. Spüren Sie, wie der Atem in den Körper strömt und ihn wieder verlässt.

3. Wenn Sie möchten, können Sie Ihre Hände auf die Bauchdecke legen und die Atembewegungen in Ihrem Körper direkt unter Ihren Händen spüren. (Sie können auch innerlich beim Einatmen »ein« und beim Ausatmen »aus« sagen.)

4. Wenn Sie bemerken, dass Ihr Geist abgeschweift ist, denken Sie daran, das ist kein Fehler oder Problem – es passiert in jedem Fall, weil das die Natur des Geistes ist. Lenken Sie Aufmerksamkeit einfach freundlich zurück zum Atem und den Empfindungen der Wellen des Ein- und Ausatmens in Ihrem Körper.

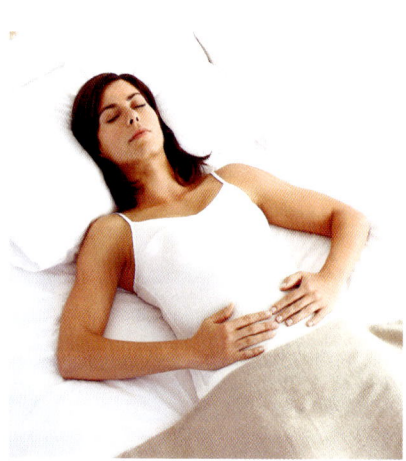

MIKE arbeitete viel und fühlte sich oft gestresst. In jüngster Zeit war er häufiger erschöpft als sonst. Sein Arzt überwies ihn zur Untersuchung ins Krankenhaus. Zusätzlich zu den körperlichen Symptomen machte sich Mike jetzt auch noch alle möglichen Sorgen wegen dieser Untersuchungen in der Klinik.

Er beschloss, mehrmals täglich die Erdungsübung (s. weiter unten) zu machen. Wenn er sich wirklich darauf ausrichtete, seine Füße am Boden zu spüren, wurde er stabiler, ruhiger und ausgeglichener. Es überraschte ihn, wie hilfreich diese simple Übung war. Davon ermutigt, beschloss er, zusätzlich das »Körperbarometer« (s. S. 171) zu machen.

Mike fand diese Übungen auch hilfreich, als er im Krankenhaus war und auf die Untersuchungsergebnisse wartete. Er konnte bei Bedarf immer wieder seine Füße am Boden spüren und fühlte sich dadurch besser »geerdet« und hier in diesem Moment an diesem Ort präsent. Er überwachte sein Barometer mit freundlicher Neugier, was ihm half, mit der Ungewissheit in Bezug auf die Ergebnisse und die Diagnose umzugehen. Ihm wurde klar, dass es keinerlei Einfluss auf die Untersuchungsergebnisse hatte, ob er sich Sorgen machte oder nicht, dass er aber seinen Gefühlszustand *jetzt* sehr wohl beeinflussen konnte. Dieser freundliche und neugierige Umgang mit seinen Erfahrungen fühlte sich völlig anders an als zuzulassen, dass Frustration und Angst innerlich eskalierten. Er konnte beschließen, in dieser schwierigen Situation für sich selbst zu sorgen.

Erdungsübung

Sie können diese Übung im Stehen, Gehen oder Sitzen machen. Sie eignet sich aber auch für nachts im Bett, um den Kontakt Ihres Körpers mit dem Bett bewusst wahrzunehmen.

- Richten Sie Ihre Aufmerksamkeit darauf, die Füße am Boden zu spüren. Erforschen Sie die Empfindungen in den Zehen, Fußballen und Fersen.
- Lenken Sie Ihre Aufmerksamkeit auf die Empfindungen im Kontakt mit Oberflächenstrukturen (Socken oder Schuhe) und auf das Gewicht Ihrer Beine und Füße.

Übung: Das Körperbarometer

Wenn Sie ein altmodisches Barometer kennen, wissen Sie, dass man sanft auf das Glas auf der Vorderseite klopft und wartet, bis die Nadel reagiert. Die Richtung, in die sie weist, sagt das Wetter voraus. Auf ähnliche Weise kann uns unser Körper sinnliche Informationen über unsere emotionale »Wetterlage« vermitteln. Diese Übung dauert nur wenige Minuten.

1 Entscheiden Sie, auf welchen Bereich im Rumpf, der bei Ihnen besonders sensibel auf Stress, Anspannung oder Schwierigkeiten reagiert, Sie sich ausrichten wollen – Brustkorb, Unterbauch oder irgendwo dazwischen.

2 Dieser Bereich kann als Ihr »Körperbarometer« dienen. Wenn Sie sich ihm regelmäßig zuwenden, werden Sie immer wieder andere Empfindungen wahrnehmen. Wenn Sie unter Druck stehen, besorgt, aufgeregt oder frustriert sind, empfinden Sie vielleicht Anspannung, Enge, Zittrigkeit oder Unbehagen. Die Intensität hängt davon ab, wie schwierig Ihre Situation gerade ist. Erforschen Sie diese Empfindungen behutsam und mit freundlichem Interesse.

3 Mit etwas Übung können Sie lernen, recht subtile Empfindungen wahrzunehmen. Wenn sich etwas in Ihnen zusammenbraut, können diese Signale Sie darauf hinweisen, noch bevor Ihnen die Schwierigkeiten gedanklich bewusst werden.

Mit einer Diagnose umgehen

Viele von uns haben bereits oder werden im Laufe ihres Lebens eine Diagnose bekommen, die sich für uns und unser Leben einschneidend anfühlen kann. Vielleicht hat sich die Situation gar nicht wirklich geändert, aber viele Menschen sagen, als sie ihre Diagnose erhielten, hätten sie das Gefühl gehabt, dass damit alles anders wird. Natürlich kann die Diagnose selbst die Intensität dieser Erfahrung beeinflussen. Aber auch unsere Persönlichkeit, unsere bisherigen Erfahrungen, unser Verständnis, unsere Familiengeschichte, unser Lebensstil und unsere Ziele sind ausschlaggebend dafür, welche Bedeutung die Diagnose für uns hat, wenn wir sie hören.

Oft beschwört die Diagnose viele Fragen und Zukunftsvorstellungen in uns herauf, die nicht selten auf nur begrenztem Wissen beruhen. Meistens ist damit große Unsicherheit verbunden, und unser Geist kann dann sehr aktiv werden, um für alle Eventualitäten zu planen. In diesen Augenblicken voller Fragen, Sorgen und Plänen bewegt sich unser Geist in der ungewissen Landschaft der Zukunft, und wir sind überhaupt nicht hier bei dem, was wir im Augenblick erleben.

Es wäre naiv zu glauben, wir könnten einfach immer mit unserer augenblicklichen Erfahrung präsent sein und die Zukunft ignorieren. Wir müssen wahrscheinlich Pläne machen, um uns auf die Krankheit einzustellen und sie zu bewältigen. Achtsamkeit kann uns jedoch helfen, diese Pläne als solche zu sehen, und wir können bewusst beschließen, uns Zeit dafür zu nehmen. Ist die Planung erledigt, können wir uns wieder dem jetzigen Augenblick zuwenden.

Die Übung »Der Heißluftballon« gegenüber kann Ihnen helfen, Ihre aktuelle Erfahrung klarer und aus einer umfassenderen Perspektive zu sehen. Indem Sie sich für das Hier und Jetzt öffnen – das Schwierige wie das Angenehme – und dafür so, wie es ist, Raum schaffen, entwickeln Sie eine andere Beziehung zu Ihrer Erfahrung, ähnlich wie wir es in der Übung »Tanzen mit Schwierigkeiten« (s. S. 78) gesehen haben.

Übung: Der Heißluftballon

Diese Übung hilft uns, unsere Erfahrung in diesem Augenblick genau zu erforschen. Beziehen Sie dabei alles ein, was Ihre Erfahrung in diesem Moment tatsächlich ausmacht, und widerstehen Sie der Verlockung, sich in frühere Erlebnisse oder Zukunftsängste zu verwickeln. Rufen Sie sich das Bild eines Heißluftballons vor Augen. (Er steht auf dem Boden, mit Sandsäcken am großen Korb, und bläst sich auf, um gleich abzuheben.) Fragen Sie sich: Welche Aspekte Ihrer augenblicklichen Erfahrung ziehen Sie herunter wie die Sandsäcke den Ballon?

- Haben Sie körperliche Schmerzen oder Beschwerden? Ist Ihre Beweglichkeit eingeschränkt? Sind Sie von Ihren alltäglichen Aufgaben überfordert? Fühlen Sie sich erschöpft oder müde?
- Haben Sie Sorgen oder düstere Gedanken in Bezug auf die Zukunft? Vielleicht drängen sich Ihnen Erinnerungen auf, oder Sie wünschten, die Dinge wären so wie früher? Vielleicht suchen Sie einen Sinn in dem, was Ihnen widerfährt? Kritisieren Sie sich dafür, wie Sie mit der jetzigen Situation umgehen?
- Sind Sie über Ihren Zustand ärgerlich, verbittert, traurig oder frustriert?
- Sind Ihnen noch weitere »Sandsäcke« bewusst?
- Nehmen Sie sich jetzt Zeit, um herauszufinden, welche Aspekte Ihrer Erfahrung – hier und jetzt – Sie aufmuntern oder unterstützen. Diese können uns, wie die Heißluft im Ballon, erleichtern und Energie geben. Das können Dinge sein, an denen Sie Freude haben; Möglichkeiten, sich selbst Gutes zu tun; Unterstützung durch andere Menschen; etwas, was Sie an Ihrem Leben schätzen; kleine Aufgaben, die Ihnen das Gefühl geben, etwas erreichen und bewirken zu können und die Sie heute erfüllen können; erfreuliche körperliche Erfahrungen in diesem Augenblick; Ihre momentanen Sinnesempfindungen (Sehen, Hören, Tasten, Riechen und Schmecken).
- Überlegen Sie, wie Sie noch weitere Sandsäcke abwerfen oder die Empfindung verstärken können, genau jetzt »abzuheben«.

Patientin oder Patient werden
Wenn wir eine Krankheitsdiagnose bekommen, können wir das Gefühl haben, dass sich unser Selbstbild und das Bild, das andere von uns haben, dramatisch verändern. Vielleicht finden wir uns in der Rolle des Patienten wieder, in unserem Kalender häufen sich Termine für Behandlungen, Tests und ärztliche Untersuchungen und wir verbringen viel Zeit in Wartezimmern. Angewiesen auf das Fachwissen der Experten, haben wir manchmal das Gefühl, die Kontrolle über unser Leben zu verlieren.

Die konventionelle Medizin konzentriert sich oft ganz auf die Suche nach Behandlungsmethoden, mit denen wir unsere Krankheit loswerden, und weckt manchmal die Hoffnung, das sei auch möglich. Wenn wir Glück haben, klingen durch die Behandlung unsere Symptome tatsächlich ab. Doch oft gibt es keine glatten Lösungen und nicht selten ist die Behandlung selbst Ausgangspunkt erheblicher Schwierigkeiten.

Positive Auswirkungen von Achtsamkeit
Wir haben gesehen, dass wir durch Achtsamkeit besser im Moment leben können. Wir können lernen, mit der Tatsache unseres Krankseins umzugehen und die Auswirkungen des zweiten »Pfeils«, der aus Gedanken, Emotionen, Verhalten und Körperreaktionen besteht, zu reduzieren.

Unsere Krankheit, ob vorübergehend oder langfristig, existiert und hat ihre Folgen. Vielleicht können wir an unserem Zustand in diesem Augenblick nichts ändern. Seine Auswirkungen auf uns können wir durch achtsames Gewahrsein aber sehr wohl enorm beeinflussen. Durch regelmäßige Achtsamkeitspraxis können wir uns dem zuwenden, was in uns und unserem Körper hier und jetzt geschieht. Wir vertrauen allmählich darauf, dass wir mit uns selbst präsent sein und auftauchende Schwierigkeiten bewältigen können. Wir finden eine gewisse Stabilität, die uns erlaubt zu sehen, dass es in unserem Leben trotz der Krankheit viel Schönes gibt. Wir können uns freundliches Interesse entgegenbringen, uns unterstützen, ohne uns zu verurteilen, und lernen, uns um uns selbst zu kümmern wie um eine gute Freundin. Wir können mit unserem Leben klug umgehen und auch mit der Krankheit erfüllt leben.

Weitere Übungen

Die Bergmeditation

Diese Übung kann Ihnen helfen, trotz einer augenblicklichen schwierigen »Wetterlage« in sich selbst die Stabilität eines Berges zu finden.

- Sitzen oder stehen Sie in einer ausbalancierten und aufrechten Haltung, die Füße fest mit dem Boden verbunden, und spüren Sie die Empfindungen dabei.
- Nehmen Sie Ihren ganzen Körper wahr, groß und »würdevoll« – die Wirbelsäule gerade aufgerichtet von der stabilen Basis der Füße am Boden. Der Kronenpunkt Ihres Kopfes ist leicht erhoben.
- Achten Sie jetzt ein paar Minuten auf die Atembewegungen – die Lebendigkeit des Atems beim Ein- und Ausatmen.
- Wenn Sie möchten, stellen Sie sich nun das Bild eines Berges vor – vielleicht eines, den Sie gut kennen, den Sie auf Bildern gesehen haben oder sich ausmalen können.
- Erlauben Sie sich, dieses Bild innerlich zu erforschen. Beachten Sie den breiten Fuß des Berges, wo er mit der Erde verbunden ist. Erkunden Sie seine Hänge und seinen Gipfel.
- Vielleicht fällt Ihnen, während Sie dort sitzen (oder stehen), auf, dass einige dieser Qualitäten Ihrem eigenen Erleben entsprechen und Sie spüren Ihr eigenes »Berg-Sein«, still und majestätisch.
- Machen Sie sich klar, dass Berge durch alle Jahreszeiten hinweg existieren, ruhig und verwurzelt. Der Berg ist der Hitze ausgesetzt, Eis und Schnee, er wird bestürmt von heftigen Winden und getränkt von Regenschauern. Der Berg bleibt still, würdevoll und unverändert durch alles, was um ihn herum vorgeht.
- Spüren Sie Ihr »Berg-Sein«, während Erfahrungen kommen und gehen. Spüren Sie Ihre Stabilität auch dann, wenn es in Ihrem Leben stürmisch wird.
- Spüren Sie nun wieder die augenblicklichen Empfindungen in Ihrem Körper, sehen Sie den Ort, an dem Sie sind. Können Sie die Eigenschaften des Berges in sich spüren, wenn Sie jetzt in Ihren Alltag zurückkehren?

Angeleiteter Bodyscan für Kinder

Diese Übung wirkt am besten, wenn Sie sie Ihrem Kind gemäß formulieren und mit freundlicher und interessierter Stimme vorlesen.

»*Mache es dir bequem. Wenn du magst, kannst du deine Augen schließen. Lasse jetzt deine Aufmerksamkeit zu all den Orten in deinem Körper wandern, wo du spürst, dass er das Bett [den Stuhl usw.] berührt: Fersen … die Unterseite deiner Beine … dein Gesäß … dein Rücken … Arme … Schultern … und Kopf …* [Passen Sie Ihr Tempo dem Ihres Kindes an]

Und jetzt, ohne dass du versuchst, anders zu atmen, achte einfach darauf, wie der Atem deinen Körper behutsam auf und ab bewegt … achte auf die Stellen im Körper, wo du deinen Atem spüren kannst …

Wandere jetzt mit deiner Aufmerksamkeit zu deinen Füßen. [Sie können die Füße Ihres Kindes leicht berühren, um seine Aufmerksamkeit darauf zu lenken] *Nimm deine Füße wahr. Vielleicht spürst du, wie sie das Bett berühren oder wie die Decke auf ihnen liegt? Bringe jetzt deine Aufmerksamkeit zu deinen Beinen, von den Fußgelenken bis ganz nach oben. Kannst du spüren, wie schwer deine Beine auf dem Bett liegen?*

Komme jetzt zu deinem Rücken. Spüre deinen Rücken auf dem Bett. Wie der Atem deinen Rücken bewegt …

Wandere jetzt zur Vorderseite des Körpers, deinem Bauch und deinem Brustkorb. Wenn du magst, kannst du eine Hand auf deinen Bauch und eine Hand auf deine Brust legen und spüren, wie sich dein Körper beim Atmen auf und ab bewegt.

Spüre, wie sich deine Arme auf Bauch oder Brustkorb beim Atmen auf und ab bewegen. Spüre ihr Gewicht. Sind sie warm oder kalt? Vielleicht fühlen sie sich an verschiedenen Stellen ganz unterschiedlich an?

Richte jetzt die Aufmerksamkeit auf deinen Kopf, spüre sein Gewicht auf dem Kissen. Tu einmal so, als könntest du ganz durch den Körper bis hinunter zu deinen Zehen einatmen … und ganz bis nach oben bis zur deiner Nase ausatmen … Jetzt hast du deinem ganzen Körper Aufmerksamkeit geschenkt … schau einfach, wie sich das anfühlt …«

Weiterführende Angaben

Anmerkung zur achtsamkeitsbasierten kognitiven Therapie

Wie in Kapitel 1 erläutert, bietet sich die achtsamkeitsbasierte kognitive Therapie (MBCT = Mindfulness-Based Cognitive Therapy), entwickelt von Zindel Segal, Mark Williams und John Teasdale, speziell für Menschen an, denen es im Augenblick gut geht, die aber in der Vergangenheit wiederholt depressive Episoden hatten. Die Forschung hat gezeigt, dass sich die Wahrscheinlichkeit eines Rückfalls durch diese Therapie um die Hälfte verringert – und weist damit eine ähnliche Erfolgsrate wie Antidepressiva auf. Die Nationale Versorgungsleitlinie Depression konstatiert für MBCT eine signifikante Reduktion des Rückfallrisikos für Patienten mit mindestens drei Episoden in der Vorgeschichte.

Willem Kuyken (s. S. 17) hat zudem Untersuchungen durchgeführt, um MBCT und die medikamentöse Behandlung zu erforschen, und erste Ergebnisse legen die Vermutung nahe, dass MBCT zumindest ebenso wirksam sein könnte wie Antidepressiva.

Achtsamkeitskurse und Antidepressiva schließen sich jedoch nicht aus, es ist also möglich, Achtsamkeit zu erforschen, um Ihre Depressionen zu verstehen und damit umzugehen, während Sie sich weiterhin von antidepressiven Medikamenten unterstützen lassen.

Internetseiten

Die folgenden Webseiten bieten
- nützliche Informationen über Achtsamkeit
- Informationen über Achtsamkeitskurse mit erfahrenen Lehrerinnen und Lehrern
- CDs und Bücher zur Achtsamkeitspraxis

Center for Mindfulness in Medicine, Health Care and Society, University of Massachusetts Medical School, Worcester, Massachusetts, USA
www.umassmend.edu/cfm

Centre for Mindfulness Research and Practice, Bangor University, North Wales, UK
www.bangor.ac.uk/mindfulness/

Institut für Achtsamkeit und Stressbewältigung
www.institut-fuer-achtsamkeit.de

MBSR Deutschland
www.mbsr-deutschland.de

MBSR-Institut Freiburg
www.mbsr-institut-freiburg.de

MBSR-/MBCT-Verband
www.mbsr-verband.org
Hier finden Sie qualifizierte MBSR- und MBCT-Lehrerinnen und -Lehrer in Ihrer Nähe

MBSR-MBCT Verband Österreich
www.mbsr-verband.at

MBSR-Verband Schweiz
www.mbsr-verband.ch

Oxford Centre for Mindfulness, Oxford, UK
http://oxfordmindfulness.org
  Zentrum, in dem unter der Leitung von Prof. Mark Williams MBCT-Kurse und -Trainings angeboten werden

Weitere empfehlenswerte Seiten
www.achtsamleben.at
  mit einer Vielzahl von Links und weiteren Quellen
www.mindfulness-research.net
  überwiegend deutsche Materialien

Register

A
Abwehrkräfte 162 f.
achtsam sprechen 128–129
Achtsamkeit
    bei Stress und Ängsten 99–113
    Entwicklung von 12–17
    erleben 18–21
    für pflegende Angehörige 145–159
    im Alltag 24–25
    in Beziehungen 115–129
    mit Kindern 131–143
    positive Auswirkungen von 28–29, 175
    praktizieren 20, 41, 42–45, 47–71
    Umgang mit Schwierigkeiten 73–75
    und Depressionen 80–97
    und Krankheit 161–175
    wann zu meiden 7
Achtsamkeitsbasierte Kognitive Therapie 14–17
Achtsamkeitsbasierte Rückfallprävention 17
Achtsamkeitsbasierte Stressbewältigung 13–14, 16
Adrenalin 101, 102, 103
Aikido-Übung 76, 123
Akzeptanz- und Commitmenttherapie (ACT) 16, 17
Alkohol 104
Alltagsleben 24–25
    Gewahrsein entwickeln im 48–51
Anfängergeist 42
angeleitete Meditation 58
Angriff oder Flucht 102, 103
Ängste 14, 82, 99–100
Anspannung 34, 108
    Bereiche von 34, 35
Arthritis 14
Atempause in drei Schritten 70–71, 112, 126, 142
atmen 48, 56–57
Atmen mit dem Körper 165
    Achtsamkeit für den, Übung 57
    Atempause in drei Schritten 70–71, 112, 126, 142
    sich dem Atem zuwenden 134
    Übung 135
    Übung 168
Aufmerksamkeit
    aufmerksam sein 52–53
    ausrichten 31–46
    richten auf 40
    veränderte Ausrichtung der 92–93
Autopilot, schalten auf 32–33

B
Babys
    Achtsamkeit mit 133
    Reaktion auf Fremde 116, 118
Bartley, Trish 17
Berg-Meditation 155
    Übung 176
Bewegung, achtsame
    gegen Depressionen 96–97
    Grenzen und »kritische Punkte« erforschen 66–67
    praktizieren 66
Beziehungen 113–129
    Achtsamkeit in 120
    aufschreiben 122–123
    Einfühlung 117–118
    Mitgefühl 118
    Probleme in 122–123
    reden über 122
    Resonanz 117–118
    schwierigen begegnen 126
    Selbst in 123
    Sprache in 118
    Urteile 129
    Verhaltensmuster 120–123
    Vermeidung von Nähe 121–122
Bodyscan
    Abschweifen des Geistes beim 61
    angeleiteter Bodyscan für Kinder 177
    für Kinder 137
    Müdigkeit 61
    Übung 60
Buddhismus 13, 16

D
Davidson, Richard 22, 163
Dehnung, Übung 68–69
Denkgewohnheiten 33–34
Depressionen 17, 81–97
    achtsames Eingehen auf 90–97
    Anzahl der Betroffenen 81, 82

Gedanken, Herangehensweisen
  an 91–92
Kreislauf, depressiver 82–83
Reaktionsmuster 84–85
Symptome von 82–83
Umgang mit 88–89
Ursachen von 84–85
Diagnose, Umgang mit 172
Dialektische Verhaltenstherapie (DBT) 16, 17
Drogen 104

E
Einfühlung 117–118, 132
Emotionen
  Anforderung an pflegende
    Angehörige 146
  mitfühlen mit 118
  sich zuwenden 139
Empathie 118
  zuhören mit 128
Entscheidungsspielraum 28
Erdungsübung 169
Erfahrungen
  achtsames Gewahrsein von 93–96
  aufmerksam sein für 18, 32–35
  Aufmerksamkeit richten auf 92–93
  Neugier auf 90
  Schichten von 19
  Sinn machen aus 86–87
  Umgangsweise wählen 41–45
Erschöpfung, chronische 16, 17, 24
Essen, Übung 49–51

F
freundliches Gewahrsein
  Meditation, Übung 153
Freundlichkeit 123
  mit sich selbst 29, 45, 123, 149
  sich zuwenden 139

G
Gedanken
  als mentale Abläufe 91–92
  beschließen nicht zu
    glauben 109–112
  depressive 91–92
  sich zuwenden 139
Gegenwart, leben in der 24–26, 147–149
Gehen, Übung 64–65
Gehirn
  -entwicklung 132
  Funktionen 22–23
  Veränderungen im 22–23
Geist
  abschweifender 52–53
  beim Bodyscan 61
  Handlungs- und Seinsmodus 36–38, 41
Geist-Körper-Verbindungen 23
Gewahrsein
  im Alltag entwickeln 48–51
  in Beziehungen 129
  nicht urteilendes 123, 125
  von Erfahrungen 93–96
Gewohnheiten
  Denk- 33–34
  körperliche 34–35
Greenland, Susan Kaiser 134
Grenzen, kennen 149–152

H
Heißluftballon 172
  Übung 173
Herausforderungen, begegnen 73–79
Herzbeschwerden 14
Hölzel, Britta 22
Hormone, Stress- 101, 102, 103
Humor 159

I
Innehalten 165
  Übung 166

K
Kabat-Zinn, Jon 13–14, 17, 100
Kinder
  Achtsamkeit mit 131–143
  angeleiteter Bodyscan 177
  Atemübung 135
  Bodyscan 137
  Erfahrungen 18
  erste Schritte 133
  lernen von 143
  Obstspiel, Übung 138

»schlechtes Benehmen« 140
Übungszeiten 133
Umgang mit Schwierigkeiten 140–143
und Meditation 133
Kobasa, Suzanne 113
Kognitive Verhaltenstherapie (CBT) 14–17
Kommunikation
    Bedürfnisse äußern 155
    für pflegende Angehörige 152–157
    gute 126–129
    Konflikte erwarten 157
    Reaktionsmuster 154
    Schwierigkeiten mit 122–123
    sich stabilisieren für 126
    sprechen 128–129
    Zuhören, Übung 127
Kontakt, *siehe* Verbindung
Kopfschmerzen 35
Körper
    Achtsamkeit für den 58–63
    Angespanntheit im 34, 35
    Botschaften des 34–35
    Gewohnheiten des 34–35
    in Bewegung erforschen 62
    in Kontakt kommen mit 108
    sich dem Körper zuwenden 137
    Signale des 152
Körperbarometer 169
    Übung 171
Körperempfindungen
    erforschen 54–57
    Gewahrsein von, Übung 142
Kortisol 101, 102, 103
Krankheit
    Achtsamkeit und 161–175
    Diagnose, Umgang mit 172
    erleben 162–165
    Patient/Patientin werden 175
    positive Auswirkungen von Achtsamkeit 175
Krebs 14, 16, 17
Kummer, gemeinsamer 14
Kummer, Umgang mit 143
Kuyken, Willem 17, 178

L
Lachen 159
Lazar, Sara 22

M
Ma, Helen 17
MBCT 14–17
MBSR 13–14, 16
Meditation
    angeleitete 58
    Auswirkungen auf das Gehirn 22
    Berg-Meditation 155, 176
    freundliches Gewahrsein für Kinder 133
    informelle Praxis 58
    Meditation, Übung 153
    nicht religiös 13–14
    Übung 155, 176
Meinungen, Formel für den Ausdruck von 128–129
mentale Gänge, wechseln 29
Migräne 35
Moment, leben im 147–149
Müdigkeit und Bodyscan 61
Muster
    aufschreiben 122–123
    in Beziehungen 120–123
    Lösung 184
    Neun-Sterne-Puzzle 121
    Verhaltens- 33 f.

N
Nackenbeschwerden 34, 35
National Institute for Health and Clinical Excellence 16, 17
Neugier 42
    auf Erfahrungen 90
Neun-Sterne-Puzzle 121
    Lösung 184

O
Obstspiel, Übung 138

P
Patient/in werden 175
Perspektive 28

Pflegende Angehörige
    Achtsamkeit für 145–159
    eigene Grenzen kennen 149–152
    emotionale Anforderungen 146
    gemeinsame Erfahrungen 159
    im Augenblick leben 147–149
    Kommunikation 152–157
    Probleme 146–147
    sich selbst würdigen 148
    um Unterstützung bitten 157–159
    Unterstützung für 157–159
postnatale Depressionen 84

R
Reizdarm (IBS) 34
Resonanz 117–118
Rückenprobleme 34, 35

S
Schmerzen, chronische 14, 25, 79
Schneekugel, als Beispiel 133
Schuppenflechte 14, 23
schwarzes Loch, verstehen
    Übung 142
Schwierigkeiten
    begegnen 76–77
    eingehen auf 73–79
    ernsthafte, Umgang mit 141–143
    schwarzes Loch verstehen 142
    tanzen mit 76, 78–79, 123
    Übung 78
    Übung 142
    von Kindern erlebte 140–143
Segal, Zindel 17
Selbst
    freundlich umgehen mit 29, 45, 123, 149
    in Beziehungen 123
    sich kümmern um 96, 113
    würdigen 148
    Zeit finden für 147
Selbstkenntnis 28
Selbstmitgefühl 29
Sich zuwenden 134–139
    dem Atem 134–135
    dem Körper 137
    den Sinnen 138
    den Emotionen 139
    den Gedanken 139
    Übung 135
Sinne, sich zuwenden 138
Sitzen
    Einstimmung auf, Übung 20
    Übung 55, 68–69
Stehen, Übung 68–69
Stress 99–113
    achtsames Eingehen auf 106–113
    eingehen auf 106–113
    Kampf aufgeben 108–109
    körperliche Reaktionen auf 103–103
    reagieren auf 100–101
    Stressbewältigung durch Achtsamkeit 13–14, 16
    Umgang wählen mit 112–113
    umgehen mit 100–101
    Vermeidungsstrategie 104
    Wesen von 101

T
tägliche Aufgaben, *siehe* Alltagsleben
Tanzen mit Schwierigkeiten 123
    Übung 76, 78
Teasdale, John 14–17, 84
Unbeständigkeit 42
Unterstützung
    bitten um 157–159

V
Verbindung 28
    mit Fremden 116–117
Vermeidungsstrategien 7, 104
Vier Edlen Wahrheiten, die 13
Viren
    Abwehr gegen 163

W
Williams, Mark 14–17

Z
zuhören
    mitfühlend 128
    Übung 127

Dank

Mein aufrichtiger Dank gilt an dieser Stelle meinen Achtsamkeitslehrerinnen und -lehrern. Die kontinuierliche Weiterentwicklung meiner Achtsamkeitspraxis, mein Verständnis und Engagement für diese Arbeit beruhen auf der enormen Weisheit und Unterstützung von Jon Kabat-Zinn, Mark Williams, Melissa Blacker, Pam Erdmann, Ferris Urbanowski, Cindy Cooper und David Rynick. Danke auch an John und Leah dafür, dass sie mir einen kreativen Raum zu Schreiben ließen und Geduld hatten, wenn das Schreiben mich davon abhielt, Zeit mit ihnen zu verbringen. Ich danke auch meinen Mitautorinnen Eluned und Vanessa. Unsere Zusammenarbeit an diesem Buch war wirklich eine Freude. Trish Bartley, Elaine Weatherly-Jones, Mariel Jones und andere aus dem Lehrerteam am CMRP gaben mir entscheidende Anregungen und Anleitung bei der Entstehung dieses Buches, vor allem für das Kapitel über Achtsamkeit und Krankheit. Und nicht zuletzt danke ich Sandra Rigby, Fiona Robertson, Suzanne Tuhrim, Jane McIntosh und dem ganzen Duncan-Bair-Team für ihre Begeisterung und Klugheit während des Entstehungsprozesses dieses Buches.

Bildnachweise

Der Verlag bedankt sich bei den folgenden Personen, Museen und Bildagenturen für die Abdruckgenehmigung von Bildmaterial. Wir haben uns sorgfältig darum bemüht, alle Copyright-Inhaber ausfindig zu machen. Sollten wir jedoch jemanden ausgelassen haben, bedauern wir das und bitten ggfs. um Nachricht, damit bei einer Nachauflage eine korrekte Quellenangabe erfolgen kann.

Hinweis: Getty = Getty Images, DBP = Duncan Baird Publishers, London
Seiten 5–9 teekaygee/Shutterstock; **11** CLM/Shutterstock; **15–16** Image Werks/Corbis; **20** Jules Selmes/DBP; **21** teekaygee/Shutterstock; **25–26** CLM/Shutterstock; **27** Darrell Gulin/Corbis; **31–38** Fotosav/Shutterstock; **39** Pat O'Hara/Corbis; **40** teekaygee/Shutterstock; **43** Josh Westrich/Corbis; **44** teekaygee/Shutterstock; **47–50** Simon Smith & Toby Scott/DBP; **53** MECKY/Getty; **55–60** Jules Selmes/DBP; **63** Charriau Pierre/Getty; **65–69** Jules Selmes/DBP; **71–73** teekaygee/Shutterstock; **78** Jules Selmes/DBP; **81** Nigel Blythe/Robert Harding World Imagery/Corbis; **89** Giorgio Fochesato/Getty; **90** teekaygee/Shutterstock; **93–94** Nigel Blythe/Robert Harding World Imagery/Corbis; **96** Image Werks/Corbis; **99** George Doyle/Getty; **101** Serp/Shutterstock; **105** teekaygee/Shutterstock; **109** George Doyle/Getty; **111** Martin Ruegner/Getty; **113** Image Werks/Corbis; **115** Stockbyte/Getty; **119** Zac Macaulay/Getty; **124** Nils Hendrik Mueller/Getty; **126** Image Werks/Corbis; **127** Jules Selmes/DBP; **131** PIER/Getty; **133** Image Werks/Corbis; **135** PIER/Getty; **136** BestPhotoByMonikaGniot/Shutterstock; **138** Lauren Burke/Getty; **145** Gyro Photography/amanaimages/Corbis; **148** Image Werks/Corbis; **151** Gyro Photography/amanaimages/Corbis; **152** Andy Crawford/Getty; **153** Jules Selmes/DBP; **154** Image Werks/Corbis; **155** Jules Selmes/DBP; **157** Mark Scoggins/Getty; **161** Gerolf Kalt/Corbis; **164** teekaygee/Shutterstock; **167** Charles C. Place/Getty; **168** Jules Selmes/DBP; **170** Ocean/Corbis; **171** Jules Selmes/DBP; **173–174** Gerolf Kalt/Corbis

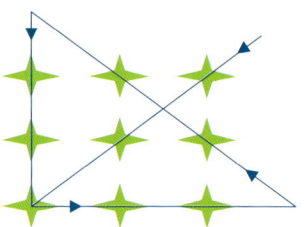

Lösung für das Neun-Sterne-Puzzle auf Seite 121
Das Neun-Punkte-Rätsel scheint auf den ersten Blick nicht lösbar, weil wir von unhinterfragten Annahmen ausgehen, durch die wir uns selbst einschränken – wie wir das nicht selten auch in unserem Alltag tun. Die Lösung wird erst ersichtlich, wenn uns klar wird, dass wir den von den neun Punkten gebildeten Rahmen problemlos verlassen können.